年収崩壊

格差時代に生き残るための「お金サバイバル術」

森永卓郎

扉マンガ　木村　豪

はじめに

「改革なくして成長なし」、「自民党をぶっ壊す」。そうしたセリフで、圧倒的な国民の支持を受けた小泉構造改革が始まってから6年以上が経ちました。この間、利権と癒着と腐敗にまみれた自民党政治は、確かに大きく崩れていきました。小泉構造改革は、国民の期待どおりに旧体制を打ち倒したのです。しかし旧体制が壊れたあと、私たちの前に姿を現した新しい経済・社会の姿は、国民の期待したものとは、大きく違っていました。構造改革がもたらした自由競争社会の下で、ごく一部の人たちが巨万の富を得る一方で、大部分の国民は年収の低迷と相次ぐ増税で、ズルズルと手取り所得を減らしていきました。さらに、企業が正社員を減らして非正社員を増やすという人件費削減策に出たため、最低限の生活さえままならぬ貧困層が大量発生することになりました。そして自らの定住場所さえ失った「ネットカフェ族」という新たな貧困層も生まれました。かつて一億総中流社会とよばれるくらい平等だった日本は、すっかり弱肉強食社会に変わってしまったのです。

もっとも、サラリーマンの3分の2はまだ正社員ですから、その人たちは、現時点では大きな所得減少にみまわれているわけではありません。しかし、そういう人たちにも、構造改革は大きな変化をもたらしました。それはみなが、「不安」を抱えるようになったということです。「いつリストラされるかわからない」、「いつ会社が倒産するかわからない」。今はよくても万が一そうなったら、その後の生活が崩壊してしまうのです。

そうした不安は、老後についてもあります。これまで、5年ごとの制度改正のたびに公的年金の支給額が減り、保険料の負担が増えてきました。そうした国民の不安を解消しようと、小泉内閣は2004年に「100年安心」できる年金制度の抜本的改正に取り組みました。しかし、この制度改正は今まで政府がずっと言い続けてきた「標準モデル世帯では、現役世代の手取り収入の50%以上の年金給付を確保する」という約束を反故にするものでした。それだけではなく、2007年に入って「5000万件に及ぶ年金記録が宙に浮いている」という事実が明らかになり、国民の不安はさらに高まりました。そのことが、参議院選挙で与党が歴史的な惨敗に追い込まれたことの、大きな原因になったのです。

つい10年ほど前までは、国民の大部分は、お上が敷いたレールの上を走っていれば、ほうっておいても、なんとか生活ができるしくみになっていました。しかし、構造改革は、そのお上を解体するということも意味しますから、もうお上に頼ってはいられません。自ら情報を集め、何が自分の人生に起こるのかをキチンと整理し、そして自らその対策を考えなければいけなくなったのです。

本当に面倒な世の中になってしまいましたが、構造改革を後戻りさせることは、ほとんど不可能ですし、何より構造改革は国民自身が選んだ政策ですから、逃げずに人生設計に取り組むしかないのです。この本は、私たちの年収を取り巻く環境がどのように変わってきたか、どう変わろうとしているのかをコンパクトにまとめています。この本が、みなさんの人生設計を考える際のヒントになれば幸いです。

２００７年９月

森永卓郎

目次

第4章　あなたを守るための資産運用

第一章　崩壊する日本人の年収

■年収300万円もいまや危ない

『年収300万円時代を生き抜く経済学』を書いてから、早くも5年が経とうとしています。その年の流行語大賞のトップテンに「年収300万円」が選ばれるほど、この本はヒットしました。なぜかと言えば、それまでの中流イメージだった年収600万円を維持できる人が減り、その半分である300万円で暮らさないといけない人が劇的に増えてくるというシナリオが、ショッキングであり、またみなが薄々と感じていた世の中のトレンドに合致していたからだと思います。

そうした世の中の変化に対して私が提案したことは、「年収が半分の300万円になっても、工夫次第で豊かな生活はできる。無理に勝ち組に残ろうとせずに、人生を楽しむ手段を考えよう」ということでした。

それから5年間、世の中の変化のスピードは驚くべき速さでした。格差社会の到来です。ただ、格差の拡大は、正社員のなかで年収が高い人と低い人に分かれるという形で生じたのではありません。企業が正社員の数を絞り込み、非正社員を増やすという人事戦略に出たため高所得の正社員が減り、低所得の非正社員が増えるという形で格差が拡大したのです。企業は景気が悪くなって、経営が苦しいから正社員を減らしたのではありません。実際、「労働力調査」で見ると、景気が拡大した2002年1～3月期から2007年1～3月期の5年間の変化で見ると、正社員が93万人減り、非正社員が320万人増えました。非正社員の比率は、28・7％から33・7％へと上昇しています。非正社員の年収をキチンと集計した統計はないので正確なところはわかりませんが、いくつかの統計から推計すると平均年収は120万円程度だとみられます。

つまり、いまや年収300万円を維持することさえ困難になり、平均年収120万円の非正社員が、働く人の3分の1以上を占める大きな所得格差を抱える世の中になってしまったのです。

中流だった年収600万円の暮らしが半分の年収300万円になり、そしていまやその半分以下の人がどんどん増えているということです。

■日本の貧困率は世界一に迫る勢い

実は、暮らし向きを考えるときに、「半分」という基準はとても重要です。たとえば、ＯＥＣＤ（経済協力開発機構）という先進30カ国が加盟する国際機関があります。ここが貧困率調査というのをやっています。ＯＥＣＤは貧困の人の数を計測するために、まず国ごとに、国民を年収の高いほうから並べていきます。そして、順位のちょうど真ん中の人、たとえば１００人の社会だったら、50番目の人を中位数と言います。その中位数の人の年収の半分以下しか年収のない人をＯＥＣＤは「貧困」と呼んでいるのです。現役世代の半分以下の年収の人が貧困だとするＯＥＣＤの考え方に私は賛成です。貧しさというのは、絶対水準ではなく、相対水準から生まれるものだからです。

たとえば高度経済成長が始まった１９６０年、物価水準を調整した実質賃金は今の５分の１でした。現在の中流が６００万円だとすると、年収１２０万円、ちょうど今の非正社員層の年収です。ですから物質的には、とても豊かな暮らしとは言えませんでしたが、かといって、みじめとか、苦しいとか、暗くなるなんてことはまったくありませんでした。それはいったいなぜでしょうか。なぜなら、みなが等しく収入が低かったからです。当時、子どもだった私のあこがれは、お肉とアイスクリームでした。月に一度くらいは食べていた気がしますが、それでもたいへんなごちそうで、食べられるときには天にも昇る気持ちでした。でもふだん食べられないことに不満はありませんでした。みなが同じようなものだったからです。当時の貧しさは、むしろ「将来はこんなのを毎日食べたいな」という希望につながっていました。そして、それが一つずつ達成されていく。だから、みなの表情が明るかったのです。

もし、今の時代に年収120万円で暮らせと言われたらどうでしょうか。実はそれが絶対に不可能というわけではありません。公営住宅に住んで、いちばん安いコメを買い、いちばん安いおかずを買って食べれば、家族4人で暮らすことは不可能ではありませんし、現にそうしている人も、たくさんいます。しかし、その生活は豊かさとはかけ離れたものです。やはり、国民の幸せを考えたら、普通の人の半分までに低所得層の年収を収めるのが、正しい政策なのです。その意味で、一億総中流社会を実現してきた日本の政府は、とてもよい政策運営をしてきたのだと思います。

ところが、最近の所得格差の拡大は、社会を壊すほどの勢いで進みました。2006年

7月にOECDが発表した「対日経済審査報告書」では、2000年時点の日本の貧困率はアメリカに次いで2番目に高くなったことが明らかにされています。しかも、日本の貧困率は13・5%と、世界一貧困率の高いアメリカの13・7%に肉薄しているのです。日本の低所得層の数は2000年以降も急増していますから、現時点の日本の貧困率は、もしかしたら、すでに世界一なのかもしれません。

■公的年金制度もアテにならない

さて、ここまで読んでも貧困は他人事だと思われている方がまだ多いと思います。「自分は正社員のままいけそうだから、貧困層に落ちるリスクはない」と。とくに今50歳代以上の人は、「年金の面でも自分たちは逃げ切れるから、大丈夫だ」と思われているでしょう。

日本政府は、ずっと「厚生年金のモデル年金は、現役世代の手取り収入の50%以上とするように設計している」と言ってきました。つまり、現役世代の収入の半分以上の年金を支給しますよというのです。これはマジメに働いて厚生年金を払い続ければ、生涯にわたって貧困層に陥ることはありませんという政府の宣言でもありました。

実は、８年ほど前まで、私はその政府の宣言を信じていました。だから、「老後の資金が心配で、心配で……」と言う人には、「厚生年金をしっかりかけてきたのだから、そんなに心配することはありませんよ」と言ってきたのです。

私に悪意はなかったのですが、結果的に私は嘘つきになってしまいました。少子化の進展と年金制度の改正で、キチンと厚生年金をかけてきた人でも、貧困に陥らない保証はなくなってしまったのです。

今の公的年金制度は２００４年に抜本改正されました。「１００年安心」をキャッチフレーズにしたこの年金制度改正は、50年後の合計特殊出生率を１・３９と見込んでいました。一人の女性が一生のうちに産む子どもの数を１・３９人と見込んでいたのです。しかし、その後出生率の低下が進んだため、厚生労働省は、50年後の合計特殊出生率の見込みを１・２６と大幅に下方修正しました。その新しい出生率の想定に基づく将来年金給付の推計を、２００７年４月26日に公表したのです。

その推計結果は、一見、国民を安心させるものでした。厚生年金のモデル世帯では、現在40歳の人から65歳の人まで、どの年齢層でも年金をもらい始める65歳時に、現役世代男子の手取り収入の50％以上の年金が保証されるという結果になっていたからです。また、年金をもらい始めたあとも、物価上昇を調整した実質額でほぼ同じ額をもらい続けることができるという結果にもなっていました。

出生率が下がっても、キチンとした年金がもらえる。そんなバラ色の未来を感じた人も多かったかもしれません。実際、それに近い報道をした新聞もありました。しかし、この推計結果は、実は同時に深刻な問題が存在することを明らかにしていました。団塊の世代を例にとって、そのことを見ていきましょう。

団塊の世代は、夫と専業主婦の妻で40年間年金に加入しているという標準モデルで65歳時に月額24万9０００円の年金がもらえます。70歳時には25万円、75歳時には25万５０００円、80歳時には26万２０００円、85歳時には29万円と、年金月額は着実に大きくなっていきます。ただし、この金額は名目額です。推計では年に1％の物価上昇を見込んでいますから、物価上昇を割り引いた２００６年現在の価値で見ると、65歳時が23万５０００円、70歳時には22万円３０００円、75歳時には21万６０００円、80歳時には21万１０００円、

85歳時が22万２０００円と、若干少なくはなるものの、ほぼ同じ水準の年金が支給されることがわかります。

しかし問題は、最初に述べたとおり、年金は物価上昇に合わせて給付が増えていくだけでは、不十分だということなのです。

現在の現役世代の平均手取り収入が月額38万円ですから、貧困に陥らない年金支給の最低基準はその半分の19万円です。推計された将来年金の水準は、名目でも実質でもこの水準を上回っていますから、貧困には陥らないようにみえます。しかし、現役世代が賃金水準を上げていきますから、これで十分ということにはならないのです。

年金の給付水準が十分かどうかを判定するためには、現役世代の手取り収入の何％分の年金がもらえるのかという所得代替率が重要になります。今回発表された厚生労働省の推計をみると、団塊の世代がもらう年金の所得代替率は、65歳時が58・１％であるのに対して、70歳時は51・４％、75歳時は46・４％、80歳時は42・２％、85歳時が41・３％と劇的に減少していくのです。

所得代替率が50％を切ったら、貧困の水準です。つまり、もう十分な生活を送ることができません。団塊の世代は75歳以降、確実にそのゾーンに突入していくのです。実は今回の年金給付の将来推計では、すべての年齢層で所得代替率が50％割れしていくことが示されています。ほうっておくと、年金をもらう一定時期には誰もが貧困に陥ってしまうのです。

そのときにどう対処したらよいのかは、次章以降で詳しく述べていきますが、実は貧困脱出には、たくさんの方法があります。年金生活に入る前に不足分を貯蓄しておくというのも、貧困脱出の一つの方法です。いったいどれくらいの貧困度になるのかという見当をつけるために、厚生労働省の推計をもとに、65歳時点でいくら準備しておけば公的年金の不足を補って、現役世代の手取り収入の50％を85歳まで確保できるのかを計算してみましょう。

計算の結果、現在60歳の団塊の世代は65歳の時点で４５２万円の資金を貯めておけばよいということになりました。ちなみに現在55歳の人は７５８万円、50歳の人は９５０万円、45歳の人は１１０３万円、40歳の人は１１７２万円となっています。かなり大きい金額ですが、貯められない額ではありません。

ただ、これだけですむ保証はどこにもありません。実は大きな問題が二つあるのです。一つは「マクロ経済スライド調整」です。これは2004年の年金制度改正のときに導入された制度で、想定を上回る少子化や平均寿命の伸長があった場合には、年金の給付水準をその分だけ自動的に引き下げるというしくみなのです。これから、もっと少子化が進み、もっと平均寿命が延びていくというのは、かなりの確率で起こりうることです。ですから、年金の給付水準は、今回の厚生労働省の推計よりも少なくなる可能性が高く、その場合には、さらに年金生活に入る前の貯蓄を上積みする必要があります。

もう一つの問題が、今回の必要貯蓄額の推計は、85歳まで生きると仮定して計算しているということです。実は65歳の男性が95歳まで生き残る確率は8%もあります。つまり、今回の想定より10年も長生きしてしまう人が8%もいるということなのです。そうなると、貯蓄を食いつぶしたあとに貧困生活が10年以上続いてしまうことになりますから、やはりさらなる貯蓄の上積みをしなければいけません。

そこで団塊の世代が95歳まで生き残ると仮定して、老後資金の不足を計算すると1178万円となりました。

■自分の居場所がなくなるリスクと長生きリスク

人間、何歳まで生き残るかわかりません。ですから本当は公的年金で死ぬまでの生活を保障してくれるのがいちばんよいのですが、残念ながら豊かな老後生活を守るためには1000万円以上の貯蓄を持たなければならない時代なのです。

私は、今の大学に勤める前はUFJ総合研究所というシンクタンクに勤めていました。業績も好調でしたし、私の職場がなくなることなど、想像もしていませんでした。ところが親会社のUFJ銀行が三菱東京フィナンシャル・グループに事実上吸収合併されてしまったために、UFJ総合研究所も三菱東京系の会社と合併することになりました。そのために私の居場所はなくなってしまいました。

会社はいつなくなるかわかりませんし、いつ会社からリストラされるとも限りません。中高年になると、正社員の再就職口はほとんどなくなります。そこで非正社員になると、年収は200万円にも届かない貧困水準になってしまいます。また、仮に正社員のままで定年まで幸運にも生き残れたとしても、年金生活のなかで、再び貧困に陥る可能性が誰にでも待ち受けています。

そうしたなかで、私たちはどのように生き残っていったらよいのか。その解答は、次章以降で考えていくことにしましょう。

日本人男性の平均寿命は79歳
女性は86歳です
寿命が7年も違いなんてあんまりだと思っていませんか
ずっと一緒にいたいのに
まーまー
近ごろ年金が崩壊状態！
長生きする女性もたいへんそうです!!
くる
一人二役!!
そして男女とも非婚率が上がっています
こちらの問題も年金崩壊と関係があるのです
ニャ

■オスの悲しさ

全日空の機内誌を読んでいたら、沖縄のタコ取り名人の話がでていました。つがいのタコが同じすみかに入っている場合は、メスからモリを打つのが決まりだという話でした。メスを獲っても、オスは逃げないが、オスから獲ると、メスはすみかを捨ててさっささと逃げてしまうからだそうです。

なるほどな、と思って、東京農業大学の小泉武夫教授に話したら、カモの狩猟も同じなのだそうです。つがいで飛んでいるカモを撃つときは、必ずメスから撃つ。メスを撃つと、オスはあわてて戻ってくるので、2発目でオスも撃てる。間違ってオスから撃つとメスは、さっささと飛んでいってしまうのだそうです。

どうやら、遺伝子の命令でそうなっているらしい。オスの代わりはいくらでもいるが、メスは自分が生き残らないと代わりがいないからです。

人間の場合も事情は同じだと思います。妻に先立たれると、その瞬間に老け込んでしまって、暗い老後を送る男性が多いのに対して、夫に先立たれた女性は概して元気です。

平均寿命は男性79歳に対して、女性は86歳。7年も女性が長生きするのは、ちょっとずるいなと思っていましたが、それは妻に先立たれて苦しむ男性を減らそうという、神様のおぼしめしなのかもしれません。

しかし、格差社会は、さらに厳しい立場に男性を追い込んでいます。そもそも男性がパートナーを得ることが、難しくなってしまったのです。

■結婚＝男の立場から

2005年に行われた「国勢調査」で、いちばん驚くべき結果は、結婚していない人が劇的に増えたということでした。男性の未婚率は25～29歳で5年前と比べて2・1ポイント増の71・4％、30～34歳で4・2ポイント増の47・1％となっています。

ただし、未婚率というのは、国勢調査で「未婚」と答えた人の割合で、シングルの人の割合ではありません。実はそのほかに「離死別」の人と「無回答」の人がいます。結婚しているかどうか答えない人の大部分は、結婚していない人だと考えられますから、この二つを合わせて「非婚率」を計算すると、実にショッキングな数字が浮かび上がります。それは、30～34歳男性の非婚率が49・4％と、ほぼ半数に達したことです。しかも30歳代前半男性の非婚率は、毎年ほぼ1％ずつ上昇していますから、現時点では、30歳代前半男性の過半数が非婚となっているのです。

30歳代前半という、社会の中心となる年齢層で非婚というライフスタイルが主流を占めた影響は大きいでしょう。今後、非婚が「標準」となっていくからです。

たとえば、東京都千代田区が「路上禁煙地区」を指定して、路上での喫煙者から過料を取る条例を施行したのは、男性の喫煙率が50％を初めて切った2002年でした。その後、健康増進法の施行もあって、禁煙区域は雪崩のように広がっていき、愛知や神奈川、静岡のタクシーが全面禁煙になり、東京のタクシーも禁煙になることが決まりました。

これからのビジネスは、基本的にファミリーではなく、シングルを対象に組み立てられていくでしょう。たとえばファミリーレストランは衰退し、シングルレストランが流行していくといったことが起こるかもしれません。また、今、秋葉原で流行している「萌え」産業は、今後ますます隆盛を極めていくでしょう。「アニメキャラクターに恋をする」のは、結婚ができない男性に不可欠の行動だからです。

しかし、なぜ男性は結婚しなくなってしまったのでしょうか。実は結婚しないのではありません。結婚できなくなっているのです。

結婚ができなくなった理由は所得格差の拡大です。労働政策研究・研修機構が総務省の「就業構造基本調査」を再集計して年収別の結婚率を算出しました。20歳代後半男性の結婚率を見ると、年収が1000万円台の男性の結婚率は72・5％と4人に3人が結婚しているのに対して、年収200万円から249万円の場合は22・8％と4人に1人以下に減ります。そして非正社員の平均年収である年収100万円から149万円の人の結婚率は15・3％と、結婚している人は実に6人に1人を切るのです。もちろん、20代後半で年収1000万円以上の男性など、ほとんどいませんが、そうした条件でもないと、なかなか結婚してもらえなくなってしまったからこそ、結婚率が激減しているのです。

こう書くと、まるで女性がカネの亡者になって男性を苦しめているかのように思われるかもしれませんが、そうではありません。女性には女性の立場があるのです。

■結婚＝女の立場から

女性の非婚率は、同年齢層で見ると男性よりずっと低いのですが、それでも男性が結婚しなければ、当然女性の非婚率も上がっていきます。30歳代前半女性の非婚率を1985年から5年ごとに並べてみましょう。85年13・8％、90年17・0％、95年23・4％、2000年31・1％、2005年37・3％です。なんと20年間で3倍近くに非婚率がはね上がっているのです。

このように、女性も明らかに結婚しなくなっています。しかし、それは女性が結婚を望まなくなったということではありません。いろいろなアンケート調査を見ても、女性の9割は結婚願望を抱いています。ただ、結婚のチャンスがなかったり、この人ならと思える男性に巡り会えないというのが、結婚をしていない最大の原因でしょう。しかし、そうやって結婚をするべきかどうかを考えられるようになったこと自体が、世の中の大きな変化なのです。

今から20年前、男女雇用機会均等法が施行される前は、女性に結婚しないという選択肢は、ほとんどありませんでした。正社員として会社に勤め続けることが、とても難しかったからです。

もちろん結婚を理由に解雇することは難しかったのですが、だいたい20代後半になると、

「ハイミス」「行かず後家」「お局さま」などという差別用語を用いて、女性を結婚へと追い詰め、そして結婚と同時に会社を辞めざるをえない状況にしていたのです。なかには、女性をクリスマスケーキと呼ぶ人もいました。その心は、24までは売れるが、25はギリギリで、26になったらまったく売れないというものでした。ある在京テレビ局はもっと露骨で、昭和40年代まで、女性だけ定年年齢を25歳にしていたそうです。

女性を会社の戦力として考えるのではなく、単なるお嫁さん候補としてしか考えない。だから、ある大手商社の人事担当者には「女性一般職は、男性従業員の福利厚生施設だ」と断言する人さえいたほどだったのです。

しかし、男女雇用機会均等法が施行されて以降、そうした差別は厳しく糾弾されるようになり、非婚者を差別的に取り扱うことはできなくなりました。その時点から、女性は結婚するか、しないかの選択肢を手に入れたのです。

それでは、結婚することのメリットとデメリットは何でしょうか。結婚しても、夫婦ともに働き続け、子どもも作らないのであれば、経済的にみると、同棲しているのと同じです。そこで、専業主婦になって子どもを作ることを前提に考えましょう。

まず結婚するメリットは、働かなくてよくなることです。自立するといっても、会社で働いていれば、いろいろと嫌なことはありますから、「三食昼寝つき」の生活のほうが楽であることは間違いありません。しかも、サラリーマンの妻が専業主婦であるときには、国民年金保険料を納める必要がありません。夫の給与から国民年金相当分が支払われているとみなされるからです。この保険料が約年間16万円、60歳まで30年間結婚していると仮定すると約480万円のトクです。また、税金面での優遇もあります。夫の年収が700万円の場合、配偶者控除で地方税を含めて約11万円税金が減ります。30年間で約330万円のトクです。子どもが生まれると、扶養控除でさらに税金が下がります。子どもが一人だと年間約8万円、22年間で約176万円税金が減ります。さらに子どもが高校生、大学生のうちは特定扶養控除が上積みされます。その分の節税が年間約2万5000円、7年間で約18万円となります。以上を合計すると、専業主婦になって子どもを作ることのメリットは、約1004万円となるのです。

一方、結婚によって失われるものは何でしょうか。結婚したら、自由な恋愛の機会もなくなりますし、子どもが生まれると家庭に縛り付けられて、外に遊びに出かけることも難しくなります。

ただ、パートナーとはずっといっしょにいられるわけですから、純粋にコストだけで考えましょう。

まず、結婚したあとの最大のコストは、なんといっても子育て費用です。子ども一人を育てるためにかかるコストは、AIU保険会社が、「現代子育て経済考2005年版」のなかで推計を行っています。この調査は、子どもが誕生してから大学を卒業するまでの22年間に、子ども一人にかかる概算費用を試算しています。

この調査によると、基本養育費（食費・衣料費・小遣いなど）が1640万円となっています。これに学校教育費（学費、けいこごとなど）が1345万〜4424万円加わりますから、基本養育費と学校教育費を合わせた総費用は、すべて公立校に進学して最もお金のかからないケースでも2985万円、私立の医歯系に進学する最もお金のかかるケースでは6064万円という結果になっています。このほかに、子ども部屋を作るコストや結納金、結婚披露宴の費用の援助などさまざまなコストがかかります。そのコストを1000万円とみても、子どもを一人持つことのコストは、最低でも4000万円かかるということになります。

昔は男性がプロポーズのときに「君を一生守り続けます」という切り札の台詞を口にしました。正社員でマジメに働いていれば、やがて給料も上がっていくため、莫大な教育費もなんとか工面することができました。

ところが、いまや大銀行さえ倒産する時代になりました。リストラは日常茶飯事です。そして、ボーナスゼロなんて珍しくもありません。そんな時代に「一生守り続けます」などと言われても、信用できないのです。女性が結婚に踏み切れなくなった最大の理由は、男性の所得の安定性が損なわれたことなのです。

結婚で長期的な安定は得られないと悟った女性は、短期的であってもイケメンや金持ちに享楽的な利益を求めるようになったとも考えられます。ところが、そんな男性はごく一部です。世の男性のほとんどはイケメンでもお金持ちでもありません。女性に相手にされない人が大多数では、非婚率は上昇せざるを得ないのです。

■避けられない少子化

今、有識者の多くが、少子化対策として働く女性の子育て支援が最重要だと主張しています。もちろんそれは大切なことですが、私は「少子化対策として」というところに、少し違和感を持っています。なぜなら現状でも、働く女性が産む子どもの数は、専業主婦が産む子どもの数とほとんど変わらないからです。働く女性の支援は必要ですが、働く女性の支援を充実させたからといって、出生率の大幅な上昇は見込めないと私は思うのです。

戦後日本の合計特殊出生率は、2度にわたる家族革命を経て、大幅に低下しました。第1の家族革命は団塊の世代の出生が終わった直後から高度経済成長の始まった1960年にかけて起きました。48年に4・4あった出生率が、60年の2・0と半分以下に急減したのです。第2の家族革命は高度経済成長の終わった75年に始まり、最近までずっと続いています。75年の出生率1・91が2005年の1・26まで緩やかに落ち込んでいったのです。

ところが二つの家族革命は、その要因がまったく異なります。第1の家族革命は、一組の夫婦が生む子どもの数が減ったのが原因でした。子どもの数を減らして、核家族を作り、豊かな暮らしをしたいというライフスタイルの変化が、その背景にありました。それに対して、第2の家族革命の原因は、非婚率の上昇でした。実は出生率の低下が進むなかでも、結婚したカップルが生む子どもの数は減っていないのです。結婚した女性が生涯に産む子どもの数を生涯完結出生児数といいますが、出生率は1987年の1・69から2005年の1・26へと低下しているのに、この間の生涯完結出生児数は2を上回って安定しているのです。

日本では、結婚しないと、ほとんど子どもは生まれません。未婚の父、未婚の母への社会の目が厳しいこともありますし、子育てに膨大な費用がかかるからでもあります。そのなかで、非婚率の上昇が起きているのですから、少子化が進んで当然なのです。

■年金はどうなる

少子化が進み、人口が減っていくことは、必ずしも悪いことではありません。人口が減れば、交通渋滞や通勤混雑、さらには帰省ラッシュも解消していきますし、レジャー施設の混雑も緩和されます。子どもが一人っ子ばかりになっていけば、夫婦双方の親から住宅を引き継ぐことができるようになるので、住宅問題が解消されます。受験戦争も緩やかになりますし、若年が貴重な労働力になりますから、若年失業の問題も改善されていくでしょう。とかく暗いイメージで語られがちな少子化社会ですが、悪いことばかりではないのです。ただ、少子化が進むと、ただ一つだけ困難な事態が生ずる問題があります。それが年金問題です。

今の公的年金は、私たちが支払った保険料が積み立てられて、それが将来返ってくるしくみではありません。払った保険料は、そのまま今の年金受給者に支払われているのです。ですから、子どもの数が減って年金の支え手が少なくなると、年金財政は厳しくなってしまいます。

５０００万件以上の年金記録が宙に浮いていることが明らかになったことで、将来に不安を抱く人が増えていますが、それはあくまでも事務手続きの問題で、公的年金が抱えているいちばん大きな問題は、少子化社会でどこまで年金財政が維持できるのかということなのです。

そこで、まず現在の年金制度について見ていきましょう。

■厚生年金の名目額に注意

サラリーマンが加入する厚生年金の保険料率は2007年現在14・642％（9月より14・996％）で、月給にもボーナスにも同じ料率がかかります。ただし、保険料の半分は会社が負担しますから、実際に給与や賞与から差し引かれるのは7・321％です。

この保険料率は、毎年0・354％ずつ引き上げられ、10年後の2017年に18・3％となって、以降はその水準で固定されます。保険料率は今より約25％高くなることになります。

保険料が引き上げられる一方で、年金給付は引き下げられます。ただ、保険料に比べて給付削減のしくみは少しだけ面倒です。

これから年金をもらう人の年金の給付水準は、毎年賃金上昇率に合わせて改善されることになっているのですが、その際に「マクロ経済スライド調整」によって、今後は賃金上昇率からおよそ0・9％を差し引いた率で年金を改善することになっています。

たとえば、ある年の賃金上昇率が3％になったとします。2004年度の制度改正前だったら、年金支給額も3％増やされました。ところが、制度改正後は、賃金上昇率の3％

から0・9%を差し引いた2・1%だけ年金額を増やすことになります。つまり、年金給付の削減は、いきなり年金の名目額を減らすのではなく、年金の引き上げ幅を圧縮することで実現されるのです。

マクロ経済スライド調整の0・9%というのは、年金加入者の減少と平均寿命の延びから算出されたものです。つまり高齢化で年金が苦しくなる分の一部を、給付減で帳尻を合わせましょうということなのです。ただし、この0・9%という調整率は暫定的なもので、想定以上に年金の支え手が減少したり、想定以上に平均寿命が延びたりすると、0・9%以上の給付削減が行われることになります。

ただ、これだけではよくわからないと思いますので、モデルケースを使ってご説明しましょう。

40年間厚生年金に加入した専業主婦世帯のモデル年金月額は、現在65歳の人の場合、夫の基礎年金が6万6000円、妻の基礎年金が6万6000円、夫に支払われる厚生年金が約10万1000円の合計約23万3000円になっています。厚生労働省が2007年4月に明らかにした将来推計の結果では、これが2026年には25万6000円になります。

「なんだ、増えるんだ」と思われるかもしれませんが、そうではありません。この額はあくまでも名目額です。厚生労働省の推計は、年1・0%の物価上昇を見込んでいますから、その物価上昇率を引いて現在価値に直すと20万7000円と、現在よりも10%位少なくなります。

それだけではありません。現在の現役世代の手取り収入は月額38万円ですから、現在のモデル年金はその約61%に相当します。一方、2026年の現役世代手取り収入は62万円まで上がっていますから、モデル年金の現役世代手取り収入に対する比率は約38%に激減するのです。

政府は厚生年金の給付に関して「現役世代の手取り収入の50%以上を確保する」と言い続けてきました。しかし、その水準が守られるのは、年金をもらい始めたときだけに限られるのです。

■国民年金も負担増が続く

国民年金については、普通のサラリーマンは厚生年金の保険料のなかから自動的に支払われていますし、従業員5人未満の企業で働く場合、フリーランスで働く場合、そして保険料が免除されますが専業主婦でも加入が義務づけられています。つまり、国民全員が加入する年金が国民年金なのです。

２００４年の制度改正で、国民年金についても、負担増、給付減が行われることになりました。

まず、保険料負担ですが、現行（２００７年）の月額１万４１００円が、毎年２８０円ずつ引き上げられ、２０１７年に１万６９００円になって、それ以降は固定されることになっています。ただし、これはあくまでも賃金が上がらなかった場合で、実際の負担は賃金スライドで上昇していきます。厚生労働省の想定どおりに毎年２・１％ずつ賃金が上がっていった場合、名目の負担額は２０１７年には2万２１００円になります。もちろん、賃金水準が上がれば負担感は下がるので、以下では名目額ではなく今年の賃金水準に引き直した数字で説明していきます。

負担の増加以上に問題なのは、給付額の減少です。実は国民年金にも「マクロ経済スライド調整」が適用されます。つまり、労働力人口の減少と平均寿命の伸長に合わせて、毎年0・9%ずつ給付が引き下げられ、それが20年間続くのです。その結果、20年後には国民年金の給付は現在の月額6万6000円から、実質的に5万6000円になります。さらに、年金をもらい始めてからも給付減は続きます。これまでは、5年ごとに賃金上昇に合わせて改善されてきた年金額が、物価スライドしかされなくなるからです。

厚生労働省は賃金上昇率を毎年2・1%、物価上昇率を1・0%と見込んでいますから、実質的には毎年1・1%給付額が切り下げられていきます。これが年金改革の結末なのです。残念ながら、豊かな老後を過ごせる水準とはとても言えないのです。

■マクロ経済スライド調整とは

年金制度改革法案が成立した直後の2004年6月10日に厚生労働省が発表した「人口動態統計」で、2003年の合計特殊出生率が年金制度を設計するシミュレーションに用いた1・32を大きく下回る1・29となったことが明らかになりました。出生率が下がれば、年金制度の維持はますます困難になります。メディアは、年金制度改革法案の審議が滞るのを恐れた政府が意図的に発表を遅らせたのではないかと批判しました。ところが、出生率が想定よりも下回ったことが明らかになったとき、当時の安倍晋三自民党幹事長は、「これでは年金制度がひっくり返るのでは」と質問されて、「そうした変化に対応するためのしくみが、この制度にはちゃんと入っている」と答えました。

その年金制度を守る「しくみ」こそ、「マクロ経済スライド調整」なのです。

制度改革の前は、現役世代が将来もらうことになる年金のモデル額は、毎年物価スライドで改善され、さらに5年に一度、賃金上昇率に応じて改善することになっていました。実質的な賃金スライド制です。ところが、制度改正で新たに導入されたマクロ経済スライド調整は、賃金スライドを放棄するしかけなのです。

今の現役世代の人たちがもらえるモデル年金の額は、今後は賃金上昇率からマクロ経済スライド率を差し引いた率で改善されていきます。厚生労働省のモデル計算では、賃金上昇率は2・1%、マクロ経済スライド率は0・9%ですから、賃金上昇率が想定どおりだったとしても、実際には毎年1・2%ずつしか改善されません。つまり、賃金を基準にすると、将来もらえる年金の実質価値が毎年0・9%ずつ減っていくのです。

賃金を基準にするというのが、わかりにくいかもしれません。しかし、年金は物価スライドで改善すればよいのではありません。老後に標準レベルの生活を続けるためには、現役世代の収入との比較が重要なのです。たとえば、物価が同じだとしても、世間の平均月給が20万円のときと、世間の月給が40万円のときでは、必要な生活費の額は、やはり2倍違ってくるのです。

マクロ経済スライド調整は、2005年から2025年まで20年間続くとされていますから、それだけで1960年生まれの人のもらうモデル年金の実質価値（賃金を基準とした価値）は15%減ることになります。

マクロ経済スライド調整は、「国民年金」の項でも述べたとおり国民年金にも適用され、給付額は毎年0・9％ずつ、20年間にわたって引き下げられます。その結果、20年後には、国民年金の給付は現在の月額6万6000円から、実質価値で5万6000円になります。

しかも、実際の年金給付は、もっと下がる可能性が高いのです。マクロ経済スライド調整が毎年0・9％というのは、あくまでも暫定の数字にすぎません。今後、年金を支える現役世代の就労者の数が想定以上に減少したり、平均寿命が想定以上に延びた場合には、スライド率を高めることになっています。つまり、今後少子化や年金の空洞化が進んでも、このマクロ経済スライド調整を使って、自由に年金給付を削減できるということなのです。給付をいくらでも下げられるのであれば、年金制度が崩壊するはずがありません。政府は、年金受給者を切り捨てることで見事に制度を守ったのです。

もっと厳しい現実があります。「国民年金」の項でも述べたとおり、65歳になり、年金の受給が始まったあとも、年金給付の削減は続くのです。これまでの制度では、5年ごとに賃金上昇に合わせて年金額が増額されるしくみになっていました。ところが、1999年の改正で、年金支給開始後の賃金スライドはすべて廃止されていて、物価上昇分しか増額されないことになっているのです。マクロ経済スライド調整が終わったあとでも、年金は物価上昇率の1・0%ずつしか改善されません。賃金上昇率の2・1%にはとても追いつかないのです。この状況は年金支給開始時点から年金の実質価値が20%下がるまで続けられることになっています。

つまり、現役時代に17%、年金をもらい始めてからも20%年金支給額が削減されるというのが、制度改正後の年金の姿なのです。これだけで、85歳時のモデル年金は、現行のちょうど3分の2に減ります。専業主婦世帯の夫婦合計のモデル年金は月額23万3000円ですから、年金の実質価値は、最終的におよそ15万5000円になります。マクロ経済スライド調整が強化されれば、給付額はさらに下がることになります。

ここで老後の選択肢は二つになります。一つはこの金額でも暮らせる農村に移住すること。もう一つは都会に暮らすために、年金では不足する分を貯蓄しておくことです。それができなければ、老後も働くしかありません。

■老後は年金だけでは難しい

ここまで書いてきた年金の将来給付に関するデータは、２００４年の年金制度改正のときに示された数字に基づいたものです。ところが２００７年２月６日、厚生労働省は厚生年金の将来給付水準の新しい試算結果を公表しました。年金の財政再計算は通常５年に一度行われるのですが、今回、計算が行われたのは、２００６年12月20日に国立社会保障・人口問題研究所が発表した将来人口推計で、２０５５年の合計特殊出生率を１・２６と予測したのがきっかけでした。２００４年の年金制度改正時には出生率を１・３９と想定していましたから、出生率の大幅な下方修正が行われたのです。少子・高齢化がより進むという人口推計が示されたら、現行の年金制度が維持できるはずがないと考えるのが普通でしょう。ところが、厚生労働省の示した年金の将来給付水準は２００４年の年金制度改正のときに示された「現役世代の手取り収入の50・２％」から「51・６％」へとむしろ上がったのです。

厚生労働省は、景気の回復を受けて、賃金上昇率を高めに見積もったことを改善の原因の一つとしてあげていますが、それはおかしな話です。賃金が上がれば確かに現役世代の支払う保険料は増えますが、年金給付を賃金上昇率以上に増やさないと、現役世代の所得に対する年金給付の比率（所得代替率）は上がらないからです。

結局、新しい試算のカギは、積立金の運用利回りを前回の3・2％から4・1％へと高めたことでした。しかし、これだけ高い利回りを50年間にわたって確保できると考えるのは非現実的です。やはり、公的年金の給付水準は、出生率の低下に比例して、さらに1割程度減少すると考えるのが自然だと思われます。そうなると、公的年金だけでの生活は難しくなってしまうのです。

■老後の生活コスト

高齢期には、新たな負担も生じます。厚生労働省は、2008年から75歳以上を対象とした新しい高齢者医療保険制度をスタートさせますが、その保険料は年間6万1000円の予定でした。ところが、少子化が一層進んだことの影響を受けて、2015年度には8万5000円に値上がりする見込みであることが明らかになりました。

また、老人健康保険制度が適用される75歳以上になっても、病院に長期入院すると、現役並み所得のある人は医療費の3割、最高月間8万円程度の負担をしなければなりません。さらに、介護保険施設の入所者は2005年度から、医療保険の適用者についても2006年度から、居住費と食費が全額自己負担になりました。毎月5万円前後が自己負担になったのです。

それだけではありません。正直言って私は介護の問題を甘くみていました。介護保険で介護の大部分はカバーできると考えていたからです。ところが、父が脳出血で倒れて、要介護になってみると、現行の医療・介護制度がとても冷たいものであることがわかってきました。

まず、医療費の抑制のために、病院に入院してのリハビリは原則180日で打ち切られてしまうのです。政府の言い分は、打ち切りではなく、そのあとは介護保険で面倒を見るというのですが、医療施設で行うリハビリと介護施設で行うリハビリは質が違います。しかし、医療施設でのリハビリは半年しか許されないのです。また、父は左半身の運動能力を失っただけで、思考能力にはいっさい影響がありません。ところが、自宅に送迎してくれる介護施設でリハビリと入浴だけをやってくれるところはなく、ほかのレクリエーションなどがセットで付いてきてしまうのです。

介護保険が提供するのは大量生産型の規格化されたサービスだけです。要介護になったあと、個人のわがままを言いたければ、たとえば、数千万円の入居金を払い、月額40万円の家賃のケア付きマンションに移り住むしかありません。結局、ある程度お金を貯めておかないと、老後に自由はないのです。

こうした時代になってくると、老後の備えは、単に年金では不足する生活費だけでは足らず、介護や長期入院をしたときのことも考えておくことが必要になってきます。

対応のしかたは二つあるでしょう。一つは退職金の一部を自分で運用していく方法です。

そのとき、大きなリスクを避ける資産運用が必要になります。いつ介護が必要になるかわからないわけですから、大きな資金が必要になったときに、たまたま株安になっていて売るに売れないという事態は避けなければならないからです。

もう一つは、民間の介護保険を利用する方法です。最近は、終身介護保障保険という保険が売り出されています。たとえば、公的介護保険制度の要介護2級以上になったときに介護一時金と介護年金が生涯にわたって支払われるというものです。こうした民間介護保険は、発売されてまもないのですが、今後は利用者が増えていくでしょう。本当は政府がしっかり老後を守ってくれれば、このような商品はいらないのですが、残念ながらそうはならないのです。

■生き残るリスクに立ち向かう、生命保険

2006年度の生命保険38社の保険料収入が、27兆7663億円と前年度を2%下回りました。不払い問題で消費者の生命保険会社への信頼が揺らいだことに加えて、死亡保障商品の契約不振が近年ずっと続いていることが大きな原因だと言われています。

確かに、生命保険そのものは、高齢化に伴ってニーズが減少していきます。一家の大黒柱に万が一のことがあったときに残された家族の生活を守るのが生命保険の本来の役割ですから、高齢化が進んで、定年までの平均年数が短くなると、残された家族を守らなくてはいけない年数も短くなり、必要となる保障額が小さくなるからです。

しかし、私は生命保険会社の役割が高齢化で小さくなるとは思っていません。生命保険が死亡のリスクに対応する商品だとしたら、生命保険会社にはもう一つのリスクに対応する機能があるからです。それは、年金保険を通じた生き残るリスクへの対応です。私は生命保険会社の保険料収入減は、年金保険のニーズを消費者にキチンとアピールできなかったことが大きな原因だと考えています。

公的年金で十分生活ができるようであれば、生き残るリスクを真剣に考える必要はあり

ません。しかし、年金制度の相次ぐ改悪で、もはや公的年金だけで生活できると考える人はほとんどいなくなったと言ってよいでしょう。それでは、年金の不足分を何年分用意したらよいのでしょうか。65歳時の平均余命は男性17・54年、女性22・42年となっています。しかし、だからと言ってその年数分の貯蓄で十分というわけではありません。これはあくまでも平均であり、それ以上に生き残ってしまう可能性があるからです。統計学では危険率という数字を使います。一般的には5％を危険率にすることが多いのですが、これは5％以上の確率で起こる可能性を考えておきましょうということです。

それでは今65歳の人の5％が生き残る年齢は何歳でしょうか。それは男性96歳、女性100歳です。つまり、男性は31年、女性は35年の老後生活費を準備しておかないと安心できないということになります。それを自力で貯蓄することは、不可能に近いくらい難しいことです。ですから、いつまで生き残っても大丈夫なように、終身給付の年金保険が必要なのです。「自分はそんなに長生きしないから大丈夫」。そう考える人に限って長生きしてしまうものなのです。

第三章　格差社会は広がっている

ネットカフェ族
INTERNET CAFE
24H インターネットマンガ
インターネットカフェを根城にして
短期の仕事をしながら生活する人たちのことです
zzz
一方でプライベートジェットを所有する若き大富豪たち
やはり格差は広がっているのでしょうか?
そしてそんな時代の——
一発逆転の働き方は⁉

■格差は拡大しているのか

２００６年2月1日の参議院予算委員会で、当時の小泉総理は、「私は格差が広がることは悪いこととは思っていない。ようやく今、景気回復で光が見えてきた。光が見えだすと影のことを言う人がいる。影に対しどうやって手当てをしていくかが大事だ」と述べて、格差拡大を容認する姿勢を明らかにしました。

それまで格差の拡大自体を否定していた小泉元総理が、開き直りとも思える格差容認論を展開した理由は、格差拡大がどうにも否定できないところまできてしまったからだと思います。たとえば、学用品や給食費などの就学援助を受ける児童・生徒は１９９５年度の76万６１７３人から年々増加し２００４年度には１３３万６８２７人となりました。金融広報中央委員会の調査では、貯蓄がゼロの世帯は１９９５年の７・９％から２００６年には22・９％に急増しました。国民健康保険の長期滞納を理由に、資格証明書を交付され保険証を使えない無保険者は２００４年度に30万世帯と、４年間で3倍に増えています。

こうしたデータを並べてみれば格差拡大は明らかなのですが、それでも一部で格差拡大が起きていないという議論が展開されたのは、２００２年1月から始まった景気拡大期に、雇用面でも相当の改善が見られたからです。

たとえば、２００２年1月に０・5倍と最低を記録した有効求人倍率も、２００７年6月には1・０5倍となって、5年半の間に2倍以上の水準にまで改善しています。数字の上では、すべての求職者に求人が行き渡るところまで、雇用情勢が改善したことになります。有効求人倍率が1倍を超えていた１９９2年は、まだバブルの余韻が残っていた時代なので、今の雇用情勢は、バブル期の人手不足へと近づいていると言えないこともありません。また、２００2年6月に史上最悪の5・5％を記録した完全失業率は、２００７年6月には3・7％にまで改善しています。

この状況を受けて、構造改革路線の正しさをあらためて訴える学者もいます。改革が成功したからこそ、これだけ雇用情勢がよくなったというのです。しかし、私は、有効求人倍率の改善を素直に喜ぶわけにはいかないと思っています。この有効求人倍率には、パートタイマーの求人が含まれているからです。

厚生労働省は毎月、参考指標として正社員の有効求人倍率を発表しています。これは正社員の月間有効求人数を、パートタイムを除く常用の月間有効求職者数で除して算出したものですが、2007年6月の数字を見ると、0・57倍と、求職者10人に6人以下しか正社員の求人はないのです。しかも、この正社員の有効求人倍率は1年前の数字を0・01ポイント下回っているのです。パートタイマーを含む有効求人倍率は1年前を0・01ポイント上回っているのですから、やはりパートタイマーの求人が主役となって、有効求人倍率を改善しているのです。

失業率で見ても同じことが言えます。2002年に5・4％まで高まった失業率は、その後2003年5・3％、2004年4・7％、2005年4・4％、2006年4・1％と、順調に下がってきています。この数字だけを見ると景気が回復して、労働力需給が改善していったようにみえますが、その背後で非正社員の比率が増えていることが大きな問題です。今回の格差拡大は雇用形態内で起こっているのではなく、雇用形態間で起こっているからです。

たとえば、正社員という雇用形態のなかでは、若年層を除けば格差が拡大しているわけではありません。格差拡大の主因は、年収が500万円程度の正社員から年収が100万円程度の非正社員に雇用の重心が移っていることにあるのです。

しかも、この非正社員の拡大は、景気の拡大と同時に起こっています。今の景気拡大は２００２年1月から始まっていますが、一般的な雇用指標は景気の拡大とともに改善してきました。

ところが「労働力調査」で、雇用者全体に占める非正社員の比率を見ると、２００２年1〜3月期に28・7％だったのが、ほぼ一貫して上昇を続け、２００７年1〜3月期には33・7％と過去最高を記録しています。景気が回復しても、非正社員の比率は上昇し続けているのです。

企業が非正社員を増やしている理由は、正社員を非正社員に置き換えれば、人件費の節約になるからだと思われます。実際、その効果は実に大きくなっていて、たとえばＧＤＰ(国内総生産）統計で労働者に支払われた総賃金である「雇用者報酬」の額を見ると、景気が底を打った２００２年1〜3月期が２６８兆円だったのに対し、今年４〜６月期は２６３兆円と、１・８％、５兆円減少しています。ところが、この間にＧＤＰは５・１％、25兆円も増加しているのです。つまり、経済全体でみると、経済が大きく成長しているのに、働く人には分け前が増えるどころか、減らされていることがわかります。

こうした現実を前に、企業側の立場に立つ人は、非正社員増によるコスト削減効果を認めながらも、それはやむをえない選択だったのだと主張しています。グローバル競争が激しくなるなかで、人件費コストを削減して製品価格を引き下げないと、競争に勝ち残れないというのです。

一見、もっともらしい理屈ですが本当にそうでしょうか。GDP統計で見ると、興味深い事実が浮かび上がります。2001年度から2005年度にかけて雇用者報酬が8兆5163億円減少したのに対して、企業の利益に相当する営業余剰は10兆1509億円増えているのです。このことは、企業が人件費の節約を製品価格の引き下げに振り向けたのではなく、全額利益の上積みに振り向けたことを意味しています。つまり、企業は競争力確保のためにやむをえず非正社員を増やしたのではなく、自分たちの利益を増やすために、非正社員を増やしたのです。

それでは、その利益はどうなったのでしょうか。財務省の「法人企業統計」を見ると、興味深いことがわかります。2001年度から2005年度にかけての4年間で、企業が株主に払った配当金の総額は2・8倍に増えています。株式の配当金だけで暮らしている大金持ちは、４年で所得が3倍になったことになります。もう一方で、大金持ちになった人がいます。それが大企業の役員です。「法人企業統計」で役員報酬を見ると、資本金10億円以上の企業では、役員報酬が４年間で88％も増えています。２００７年８月28日付の日本経済新聞によると、２００６年度の主要企業１００社の一人当たり取締役報酬は６０３０万円で、前年度と比べて21％増えたそうです。つまり大企業の役員は、この５年間で報酬を2倍以上にしたということになります。

その一方で、資本金１０００万円未満の企業は、２００１年度から２００５年度にかけての４年間で、役員報酬を２・９％減らしています。

結局、構造改革で何が起こったのかと言えば、大企業が従業員をどんどん非正社員に置き換え、中小下請け企業への発注単価を引き下げ、利益を増やし、その利益を使って役員報酬や株主への配当金を増やしたということなのです。その結果、中小企業は出口のない不況に追い込まれ、そしてすでに働く人の３人に１人を超えた非正社員は、年収１００万円台という低所得を強いられているのです。

今の世の中で、年収１００万円台で暮らすのは容易ではありません。生活が苦しいというだけでなく、健康保険や公的年金にも加入できないのです。今のところ、こうした非正社員層のかなりの部分が正社員の家族と同じ世帯の中に組み込まれているため、貧困が大きな社会問題にはなっていません。それでもジワジワと「下流」の拡大は社会をむしばみ始めています。

リストラされたり、会社がつぶれたり……。あるいは子育てのために一度正社員の職を失うと、なかなか正社員に復帰することができないのが現状です。その結果、非正社員の低所得層が増えていく。それがここまで続いてきた格差拡大の正体です。

トヨタ自動車が2007年度に期間従業員の正社員への登用枠を前年の900人から1200人へと大幅に拡大するという明るいニュースもありますが、日本最強の経営体力を持つトヨタの動向は、必ずしも全国の動きを代表していません。やはり、非正社員の待遇を抜本的に改善しない限り、格差拡大は続くのでしょう。

■格差拡大をもたらす政策要因

格差拡大の背景には、もちろん構造改革政策があります。構造改革の原点は1980年代初頭にイギリスで当時のサッチャー首相が行った経済改革でした。

それまでのイギリスは「揺りかごから墓場まで」の安心を政府が保障する高福祉の見本のような国でした。ところが、高福祉は高負担につながります。その高負担が災いして、70年代のイギリスは「英国病」と呼ばれる低成長と高失業に悩まされるようになりました。そこで79年に就任したサッチャー首相は、思い切った規制緩和と福祉の切り捨てを行い、小さな政府を作るための構造改革を断行しました。真っ先に金融の規制緩和を始め、あらゆる政府部門を民営化する政策も採られました。そうした市場原理の強化は、低成長からイギリス経済が脱却するきっかけとなりました。経済成長率は上がり、通貨が強くなり、そして失業率も下がりました。こう書くと、よいことずくめのように思われるかもしれませんが、そこには深刻な副作用がありました。それが格差の拡大です。

構造改革によって、確かに大金持ちは生まれましたが、そうした人の数はごくわずかで、逆に大きく所得を減らす人が続出したのです。市場原理は、弱肉強食社会をもたらします。

それは、市場で自由に報酬が決まる職業を思い浮かべていただければ、すぐにわかると思います。たとえば、作家、音楽家、プロ野球選手、芸能タレント、漫画家、作詞家など、完全な自由競争の下で報酬が決まる職業では、一流と二流の間に100倍の報酬格差が存在します。二流タレントのテレビのギャラは3万円ですが、一流タレントのギャラは300万円なのです。二流の人が努力をしていないとか、能力がないということは必ずしもありません。ただ、運の差とか能力や努力のほんの少しの差が、とてつもない所得格差に結びつく、それが市場原理の持つ残酷な性質なのです。

しかも、イギリスに始まった構造改革には、単なる市場原理による格差拡大を超えたしくみが存在しました。それが「お金持ちや大企業を減税して、庶民を増税する」という政策です。新しい時代の経済発展を担うのは能力の高いお金持ちで、彼らを厚遇しないと海外に逃げ出してしまうという思想がその背景にあります。本当に逃げ出すかどうかは、わかりませんが、小泉内閣の構造改革も同じ思想の下で庶民の増税とお金持ちの減税を積極的に行ってきました。

格差の拡大を防ごうと思えば、逆のことをしなければならないのに、格差拡大を後押しするような政策が採られてきたのです。

このまま、格差拡大が続くと、これまで存在しなかった低所得階層が日本にも確立するでしょう。そして、その階層に生まれた子どもは、親が教育費を負担できないため、十分な教育を得られず、はい上がることが、ほとんど不可能になるのです。そんな社会で本当によいのかどうかが、今、問われているのですが、すでに極端な低所得階層出現の兆候は、現れているのです。

ネットカフェ族の悲惨

２００７年８月28日、厚生労働省が、初めてネットカフェ族の実態調査の結果を明らかにしました。ネットカフェ族というのは、定住所を持たずに、ネットカフェやマンガ喫茶で寝泊まりしている人たちのことです。最近のネットカフェは、単にマンガが置いてあって、インターネットが使い放題というだけではありません。自分のスペースが個室に近い形で仕切られ、いすがリクライニングシートになっていて、シャワーも完備されていますから、そこで暮らすことが十分可能なのです。典型的なネットカフェ族は、ふだんはネットサーフィンをしたり、マンガを読んでいて、仕事の依頼メールが携帯に届くと、働きに出るのです。

厚生労働省の調査は、全国のネットカフェ、マンガ喫茶3246店舗に対して電話で行われました。その結果に基づいて推計されたネットカフェ族の数は5400人。店舗からの聞き取り調査であるために、過小推計だという批判もなされていますが、数の当否はともかく、調査から浮かび上がったネットカフェ族の属性は、意外なものでした。

まず年齢別では、20代が26・5%と最も多く、次いで50代が23・1%。30代が19・0%と続きますが、40代が12・8%、60代も8・7%いました。40歳以上のネットカフェ族が45%と、半数近くを占めているのです。また、男女別でも、女性が17・4%を占めました。

「ネットカフェ族は若い男性」という世間のイメージは間違っていました。ネットカフェ族は、女性や中高年にも広がっていたのです。彼らは、一見自由で気ままな生活を送っているように見えますが、実は簡易宿泊所で寝泊まりする日雇い労働者と、ワーク・ライフスタイルの面ではあまり変わりません。それどころか、布団で横になれない分だけ簡易宿泊所より厳しい生活だと言えるかもしれません。

しかも、一度ネットカフェ族になってしまうと、脱出は困難です。都会で新たにアパートを借りるためには、敷金、礼金、前払い家賃などで、どんなに安くても10万円以上の資金が必要になりますが、ネットカフェ族は、ふだん暮らしていくお金は稼げても、そうしたまとまったお金は用意できないのです。ネットカフェ族の支援者から聞いた話では、自力でネットカフェ族脱出に成功した人を一人しか知らないということでした。唯一の脱出成功者は、パチンコに行って、確変を連発したのだそうです。もちろん、そんな幸運に恵まれる人はほとんどいません。

フリーター、ニートが250万人規模で存在するのに比べると、ネットカフェ族の数はまだずっと小さいものです。しかし、このまま放置すれば、日本に新しい形のスラムができあがってしまうでしょう。

■ニートという生き方

ネットカフェ族には働く意欲がありますが、家にこもりっきりのニートと呼ばれる人たちの対策はもっと困難です。厚生労働省はニートの定義を「非労働力人口のうち、年齢15〜34歳で、通学・家事もしていない者」としていますが、その数は64万人とされています。ニートは、とても心が繊細で、ていねいな社会復帰策を講じないといけないのですが、とても暴力的なニート対策も考えられています。

自民党税制調査会が、少子化対策の子育て支援減税の財源確保のため、所得の扶養控除(一人当たり38万円)に年齢制限を新たに設け、成人したニートやフリーターを対象からはずす方向で検討に入ったとのニュースが流れました。もちろん、この増税が決定したということではありませんが、この増税が導入されると成人ニートを抱える家庭は大変な増税を受けることになります。

仮に年収500万円のサラリーマンと専業主婦の家族なら、一人成人したニートを抱えているだけで、世帯納税額は約5万2000円も増加します。

ただ、この増税、私はどうも納得できません。それは、親だって好きで子どもをニートに育てたわけでもなく、ただでさえ生活費を負担しているのに、さらに納税額が増すということです。これでは苦しんでいる親の首をさらに絞めるだけではないでしょうか。

確かにニートの存在は、将来の年金破たんや生活保護者の増加など、大きな問題をはらんでいます。しかし、一方的に魔女狩りのごとく非難の対象にするのはあまりにも乱暴です。それよりも、なぜ彼らが大人の世界に傷つけられ、絶望したのか。ニートが増えた本当の理由や、どうすれば彼らが社会に復帰できるのかを真っ先に探るべきでしょう。

私はニート増加の理由は、就労・労働環境の悪化にあると考えています。たとえば学生の就職活動の場合、適性の有無にかかわらず面接上手な学生は数社から内定をもらい、適性があってもアピール下手な学生は一社も内定をもらえないというように、二極化が進んでいます。ニートの多くは感性が敏感なので、ここでつまずくことで、社会に出ていく自信を失ってしまうのです。ですから彼らに対して、「がんばればできる」と強迫的にハッパをかけても逆効果です。むしろ、少しずつアプローチし勇気づけることが大事なのです。

また、若者がひどい目に遭う労働環境も問題です。最近は中卒7割、高卒5割、大卒3割が就職後3年以内に会社を辞める、「7・5・3現象」というのがあります。その最も大きな原因は、長期間勤めることが難しい職場環境の企業が増えたことだと、私は思っています。

かつての企業には、新入社員を雇ったら、一生面倒を見て、育てるという企業風土があったのですが、今は使い捨てにするモラルの低い企業が増えているように思います。これでは社会に希望が持てるはずがありません。

■残業代がなくなる

市場原理主義の弱肉強食化が進むなかでも、正社員の人たちは給料が大幅に減るという事態に陥らないですんできました。日本には「労働条件不利益変更禁止の法理」というのがあり、いったん採用すると簡単に賃金を切り下げることは、許されないからです。

ただ、正社員の人も今後は安穏としてはいられません。ホワイトカラーの賃金を事実上切り下げる裏ワザを財界が考えているからです。

厚生労働省は、2007年の通常国会に提出する新しい労働基準法改正案のなかに、自己管理型労働制度（ホワイトカラー・エグゼンプション）を導入する予定でした。

ところが「残業代ゼロ法案」とさまざまなメディアで酷評されたため、結局、当時の安倍総理は「国民の理解がまだ十分に得られていない」という理由で、法案の提出を見送る考えを示しました。ただ、政府は再び法案を提出してくるとみられます。

それではホワイトカラー・エグゼンプションというのはどんな制度なのでしょうか。

ホワイトカラー・エグゼンプションは、すでに米国で導入されている制度で、管理職になる一歩手前で、仕事の進め方や働く時間をみずからコントロールできるホワイトカラーを労働時間管理の対象からはずしてしまおうという制度です。たとえば、クリエーターやデザイナー、ジャーナリストなどは、何時間働いたらどうなるという仕事ではありません。だったら、思いきって時間管理をやめて、好きなように働いてもらい、成果だけで管理しましょうというのが、制度の本来の趣旨です。

そう聞くと、とてもよい制度のように聞こえますが、今の労働基準法にも裁量労働制というしくみがあり、働く人が自分で自由に働く時間を決めることができます。それでは、ホワイトカラー・エグゼンプションと裁量労働制はどう違うのでしょうか。

裁量労働制が、自由に働ける制度といっても、企業は労働時間管理を放棄するわけではありません。そのため、深夜残業をすると、企業は割増賃金の支払いをしなければなりません。また従業員が過労死すると、企業は当然その責任を取らされます。ところが、ホワイトカラー・エグゼンプションの下では、労働時間の管理を企業がまったくしなくなるため、どんなに残業しても残業代は支払われません。過労死しても企業が責任を問われることがなくなるのです。

実はホワイトカラー・エグゼンプションの導入を最初に言いだしたのは、日本経済団体連合会（経団連）でした。経団連は、「年収４００万円以上のホワイトカラー」をホワイトカラー・エグゼンプションの対象とするように求めてきました。しかし、その程度の年収の労働者で、自分で好きなように仕事のやり方を決め、好きな時間に帰れる人はほとんどいません。

実際、経済同友会は２００６年11月21日にホワイトカラー・エグゼンプションに対する意見書を発表して、「当面は現行の裁量労働制を活用し、並行して長時間労働などの是正を進めたうえで、あらためて労働時間規制の適用除外について議論を深めることが望ましい」と、ホワイトカラー・エグゼンプションの導入は時期尚早だと批判したのです。また、

２００７年になって、与党の公明党からも批判が強まると、当時の柳沢伯夫厚生労働大臣は、「対象者は年収９００万円以上で、実際の適用対象者は2万人程度」と、対象者を大幅に絞り込む見通しを示したのです。

そこまでして、なぜ経団連や厚生労働省は、この制度の導入にこだわったのでしょうか。私は次のように考えています。

景気が回復してきたこの5年間、企業は利益を拡大するために人件費を抑え込んできました。正社員の給料を下げるわけにはいかないので、正社員の数を減らし、パートタイマーなどの非正社員に置き換えることで、人件費削減を図ってきたのです。ところが、その結果、労働者の3分の1が非正社員になってしまい、だんだん非正社員を増やすのが難しくなってきました。そんなにたくさんの非正社員を正社員は管理できないからです。そこで、今度は人件費削減のターゲットを正社員にしぼってきました。

労働運動総合研究所の試算では、年収４００万円以上を対象としてホワイトカラー・エグゼンプションを導入すると、国全体として残業代が4兆５６３８億円減るとされています。対象となる労働者は年収の9・5％が吹き飛ぶ計算です。

それだけではありません。企業が労働時間管理をしませんから、過労死寸前まで働かせることが可能になってくるのです。

もちろん、厚生労働省案の年収900万円以上という基準であれば、大部分のサラリーマンはホワイトカラー・エグゼンプションの対象とはなりません。しかし、影響がないとは言いきれません。

たとえば、係長がホワイトカラー・エグゼンプションの対象になると、係長に残業代は支払われなくなります。結果、毎日終電まで働くことになりかねません。係長が残業代ゼロになるのに、その部下の残業代がフルに支払われるとは私にはとうてい思えません。今でも、残業時間のうち6割は、サービス残業になっているのです。また、係長が残って仕事をしていたら、部下も道連れで残業させられる可能性が高いでしょう。結局、ホワイトカラー・エグゼンプションは賃下げと長時間労働をもたらすだけというのが、今の時点で予想される事態なのです。

■サマータイムは何のため？

２００７年６月４日に開催された経済財政諮問会議に、国の経済・財政運営の指針となる「骨太の方針２００７」の素案が示されました。このなかには、サラリーマンの生活に大きな影響を与える一つの方針が盛り込まれていました。それは、サマータイムの実現です。骨太の方針では、サマータイムに関して次のように述べています。「国民運動の一環として、サマータイムあるいはそれに準じた取組み（勤務・営業時間の繰り上げ）の早期実施について検討する」

なぜ、政府がサマータイムを推進するのかと言うと、「環境立国戦略の具体的手段の一つ」というのが公式見解です。時間を繰り上げ、早い時間に仕事を終えられれば、その分、会社の照明やエアコンに使用されているエネルギーを節約できるというのです。確かに夏の期間は日照時間が長くなるので、早い時間から仕事を始めたほうが太陽の光を有効活用できて省エネにつながります。

現に欧米では、このサマータイムがすでに定着しています。アメリカでは３月の第２日曜日から11月の第１日曜日まで、欧州では３月の最終日曜日から10月の最終日曜日まで約

7カ月間、サマータイムが設定され、その期間はどこも1時間時計が早められるのです。

とはいえ、今回の日本でのサマータイム導入が環境対策のためという見解については疑問があります。実は、日本でも1948年から51年までの4年間、サマータイムが実施されていました。しかし、それは長続きしませんでした。なぜなら、サマータイムのデメリットが次々に明らかになったからです。なかでもいちばんの大きな問題は、サマータイムを実施しても、結局労働時間が減らなかったことです。

欧米の場合、職務分担がハッキリしているため、自分の業務時間をずらすことが容易にできます。ところが、日本の場合は業務分担があいまいなので、職場の上司が「まだ明るいうちに家に帰る気か？」などと言ってきたら、絶対に帰れません。ですから、サマータイムの実施は単なるサービス残業の増加にしか結びつかないのです。だからこそ、戦後に導入されたサマータイムは廃止されたのでしょう。

もともと今回のサマータイムの導入は、経団連の要請に基づくものでした。経団連は当然、そうした過去の経緯を知っているはずです。それなのに、なぜサマータイム導入を打ち出してきたのでしょうか。

私は、「知っているからこそ、打ち出した」のではないかと思っています。サラリーマンのサービス残業を増やそうという深慮遠謀を経団連は持っているのではないでしょうか。現時点ではお蔵入りになっているホワイトカラー・エグゼンプションも、ホワイトカラーの自由なライフスタイルを保障するという美名の下やったこと。しかし、実際にやろうとしたことは、ホワイトカラーの残業代をなくすことでした。今回のサマータイム制度も結局は、同じことなのではないのでしょうか。

実は2007年6月4日、経済財政諮問会議が開かれたのと同じ日に、当時の小泉純一郎総理が、東京のグランドプリンスホテル赤坂で環境を語る講演会を当時の川口順子外務大臣と開いていました。

小泉元総理はその席で突然「私は一律にサマータイムを実施することには反対だ。やれる企業だけがやればよい。そうすれば、時計を直す必要もないし、通勤時間がバラバラになって通勤ラッシュも緩和される」と語ったのです。私は小泉元総理を好きではありませんが、こうした発言のセンスは安倍前総理よりもはるかに上だと思います。

■女性の給料

正社員で働く女性にも不満がたまっているようです。

20代女性の7割が「能力や業績中心の賃金制度への切り替えが好ましい」と考えているそうです。「私たちが朝から晩まで息つく暇もないほど働いているのに、ウチの会社のオヤジたちは、一日中雑談しているくせに、私たちの2倍も3倍も給料をもらっている。能力主義の賃金制度に切り替えれば、オヤジたちとの給与格差が小さくなるはず」

こうした考えは、ある意味で的を射ています。ラジアという経済学者がいて、なぜ今のような年功型の賃金体系が存在しているのかという説明をしています。彼によれば、若いうちは本来の貢献よりも安い給料で働き、年をとったら働き以上の給料をもらうというのが、年功賃金のしくみだというのです。つまり、若いうちは能力や実績を会社に貯金しておき、年をとったらそれを取り崩すのだから、一生を通じてみると帳尻が合うというしかけです。

しかし、この給与システムは会社を途中で辞めてしまう人に、とても不利なしくみだということは想像がつくでしょう。また、リストラに遭うかもしれませんし、会社が倒産してしまうかもしれない。そうなれば、この能力・実績貯金は吹き飛んでしまいます。

ただ、幸か不幸か、会社のほうでもすでにこの年功賃金体系の見直しに動き始めています。とすると、これからは若いうちから働きに応じての高い給料がもらえるようになるのでしょうか。

実は、能力や実績に応じて給料を決めるといっても、それをどう計るのかが実に難しいのです。営業職のように、成果が数字になる職種はむしろ例外で、総務、経理、一般事務、秘書など能力や実績を数字にしにくい職種のほうが圧倒的に多くなっています。しかも職種が異なる人の間で、どちらが高い業績をあげたのかを判定することはさらに難しいのです。

少し古い調査結果ですが、１９９５年に労働省が行った「評価制度に関する調査研究」は、企業に相対評価か絶対評価かを聞いています。絶対評価というのは2倍働いたら2倍給与を払うという評価制度ですが、現場レベルで絶対評価をとっていると答えた企業は68・1％もありました。しかし、部門間調整の段階では22・7％、人事部による最終調整の段階になると14・7％に激減しています。結局は絶対評価などかけ声だけに終わっているのです。

ある意味でそれは当然の結果だと私は考えます。企業が支払える給与原資には限りがあるからです。一人ひとりががんばったからと言って、それぞれの貢献に応じた給料を払っていたら、給与予算がパンクしてしまいます。

それでは能力や実績に基づく給与の支払いというのが、まったく不可能なのかと言えば、そんなこともありません。評価に市場原理を持ち込めばいいのです。これは別に難しい話ではありません。自分の所属する部署の部長が、その人材に対して払ってもよいと思う金額を予算の範囲内で示し、それを受け入れるのなら働く、受け入れなければほかの部署に異動する——。たったそれだけのルールで、個人の完全な値づけが可能になるのです。

ただし、そうした評価制度が多くの企業に広がっていくとは、とても思えません。なぜなら、会社の上司というのは、人事権と評価権で部下をしばっているのです。社員が自由に異動することができると、部長や社長は人事権を失ってしまいます。また、完全な成果主義というのは評価を市場に任せるということですから、部長や社長は評価権をも失ってしまうからです。

■育休法改正で気になる女性と男性の職場の目

正社員の立場を守ろうとしたら、女性の場合は、どうしても働きながら子どもを育てるという選択をせざるをえません。それでは、そうした働く女性に対するサポートは改善されているのでしょうか。もちろん子育ては女性だけに押しつけるものではありませんが、まだ世の中の一般的な傾向としては、女性が育児を担当するケースが多いはずです。

育児・介護休業法が改正されて、育児休業が取りやすくなりました。まず、２００４年11月から育児休業を申し出たり、取得した人へ事業主からの不利益な取り扱いが禁止されています。不利益な取り扱いというのは、給与やボーナスのカット、退職金の減額、パートタイマーへの降格などです。

２００５年４月１日からは、これに加えて小学校就学前の子どもがいる労働者は、請求すれば残業時間を１カ月当たり24時間、１年当たり１５０時間に制限することができることになりました。また子どものケガや病気を看護する場合、事業主は年次有給休暇とは別に休暇を与える努力義務も負いました。

また、配置転換や転勤を命令するときにも、育児期間の労働者については本人の意向に配慮しなければならなくなりました。

子どもが3歳未満の場合、事業主は、一層厳しい義務を負います。①短時間勤務制度、②フレックスタイム制、③始業・終業時刻の繰り上げ・繰り下げ、④所定外労働の免除、⑤託児施設の設置運営、などのうちいずれかを実施しなければならなくなったのです。

この法改正によって、育児と労働の両立ができる可能性がさらに高まったことは事実でしょう。ですが、それは働く女性にとって何をもたらすのでしょうか。

2005年3月26日に発表になった「国民生活白書」がおもしろい分析をしています。核家族世帯で女性の正社員就業率は、子どもが生まれると1割程度に下がります。しかも子どもが育っていってもその比率はほとんど上がりません。ところが親と同居している世帯では、子どもが生まれても4分の1の女性が正社員として働き続け、しかもその後、正社員就業率は徐々に上がっていくのです。

核家族世帯でも、子どもの年齢が上がると就業率自体は上がっていきますが、新たな働き口のかなりの部分はパートタイマーです。

　このことは、女性が一度正社員を辞めてしまうと、なかなか正社員の仕事に復帰できないという現実を示しています。親と同居している女性は、ある程度子育てを親に任せられるので、正社員の仕事を継続できるのでしょう。

　パートタイマー女性の時給は、正社員女性の3分の2です。子育てのためにいったん正社員を辞めてしまうと、その後パートタイマーとして再就職しても、正社員時代より大幅に安い報酬しか得られないことになるのです。

　だから育児・介護休業法の改正で、育児を理由に正社員の仕事を辞めなくてすむ女性が増えれば、女性全体の処遇向上に結びつくと思われます。

　しかし、本当にそれだけでよいのでしょうか。1998年度の労働省調査によると、育児休業を取った男女比は、女性が97・6％で、男性は2・4％にすぎませんでした。そのうち配偶者が出産した男性で育児休業を取った人は、わずか0・42％でした。

　結局、女性が子育てをするという性別役割分担は昔からほとんど変わっていないのです。これでは、育児休業が終わったあとに、女性は正社員のキツい仕事と子育てを一人で抱え込むということになりかねません。

この現状を改善するには、いったいどうしたらよいのでしょうか。男性も女性も仕事と子育てを半分ずつ分かち合うべきか。それともどの職種もすべて男女比を半々にすべきなのでしょうか。仕事も子育ても男女とも平等に扱うべきだと言う人もいます。しかし、そんな杓子定規に決めるのも窮屈な世の中でしょう。

昨今、脳の研究が進んで、男性と女性の脳の構造が異なっていることがわかってきました。猪突猛進型の男性は新規顧客開拓に向いているが、気配りのできる女性は管理職に向いているという学説もあります。

しかし、だからといって男性は営業職、女性は管理職と決めるのもまたおかしな話でしょう。こうした傾向はあくまでも平均の話で、一人ひとり個性は異なっているからです。

実は、最近「ポジティブアクション」という活動が広がり始めています。性別にとらわれることなく、多様な個性を持った人材が、最大限に意欲と能力を発揮できる社会を作ろうというものです。

結局、仕事も子育ても、夫婦それぞれの個性や能力、あるいは家庭の事情に応じて、さまざまな分業のパターンがあるというのがいちばん正常な社会なのではないでしょうか。

２００２年３月29日に厚生労働省、連合、経団連の間で「ワークシェアリングについての基本的な考え方」が合意されました。そのなかで、短時間正社員を増やしていこうという方向が打ち出されました。

育児期だけでなく、生涯を通じて多様な就業形態を男女問わずに選べる社会というのが、めざすべき本当のゴールなのだと思います。

■休めない日本人と休む欧州人

年収の高い正社員にとどまることができれば、私たちには幸福な毎日が待っているのでしょうか。これまでに何度も触れたように、正社員には過剰な負担がかかっています。そのため満足な休暇が取れない人も出現しています。

極論かもしれませんが、私は働き方には大きく分けてアメリカ型とヨーロッパ型があると思っています。アメリカというのは、競争市場で勝ち抜くために必死で働くモーレツ型。それに対してヨーロッパは福祉社会で適度に働くゆったり型です。今の日本はもちろんアメリカ型です。

実際、年間労働時間の国際比較（２００４年）を見ると、アメリカは１９４８時間、そして日本が１９９６時間となっているのに対して、ドイツは１５２５時間、フランスは１５３８時間と４００時間の格差がついています。

アメリカと、アメリカのマネをしようとしている日本の労働時間が長く、ヨーロッパは、日米と比べてかなり労働時間が短くなっているのです。

ただ、年間労働時間数といっても実感がわかないでしょうから、年次有給休暇を何日取っているかで比べてみましょう。年間の有給休暇は日本が８日、アメリカは13日に対して、フランスは25日、ドイツは31日です。ヨーロッパは、完全週休二日制なのでフランスで25日有給休暇が取られているということは、１カ月のバカンスを取ったうえに、さらに有給を取っているということ。日本の会社では考えられませんね。

働き方の違いは、実は有給休暇だけの話ではありません。ヨーロッパの労働者は、残業もほとんどしません。だから、平日にもプライベートの時間がたくさん取れます。

なぜこんなに働く時間が日米とヨーロッパで違うのでしょうか。私は原因が二つあると考えています。一つは、ヨーロッパには「ワークシェアリング」という考え方があることです。ヨーロッパは失業率が高く、限られた雇用機会を労働時間の短縮によって分かち合おうと考えているのです。たとえば、２００４年にオリンピックが開催されたギリシャでは、週40時間を超えて働くと、超過分の賃金はすべて税金として持っていかれるルールになっているそうです。残業代がいっさいもらえないのですから、誰も残業をしようとは思いませんよね。また、ドイツの場合は産業別の労働組合と経営側が話し合って、年間労働時間を労使合意の下で短縮しています。

ヨーロッパの労働時間が短いもう一つの理由は、そもそも彼らが長時間労働を好まないからです。ヨーロッパの人たちは、「いかに人生を楽しむか」ということをふだんから真剣に考えています。その結果、彼らがたどり着いたのが、「なにもしないでボーッとしていることこそ、最大の幸福なのだ」という結論でした。

パリのカフェには、カフェオレ1杯頼んだだけでなにもせず、テラスでただ道行く人を眺めている中高年がたくさんいます。実はそうした時間の使い方こそが、最高のぜいたくなのです。

もう20年近く前になりますが、フランスのエコノミストが私にこんな話をしてくれました。

「最近はフランスの田舎のひなびたホテルにも、日本人観光客がやってくるようになったんだ。僕たちフランス人は、そうしたホテルに泊まると、朝から夕方までプールサイドのデッキチェアで一日中、本を読んで過ごすんだけど、日本人はプールを見つけると、必ず飛び込んで泳ぐんだ。なぜ、泳がないといけないのかい？」

　もちろん、ヨーロッパの人は、1カ月のバカンスを取って、残業もせずに暮らしている、つまり、あまり働いていないわけですから日米よりも当然所得は低くなります。たとえば2001年の一人当たりGDPを見ると、アメリカが3万4574$、日本が3万6790$に対して、ドイツ2万3120$、フランス2万1889$と、ヨーロッパの所得は日米のおよそ3分の2の水準にとどまっていました。

　ところが、2005年の一人当たりGDPを見ると、アメリカが4万1574$、日本が3万5650$に対して、ドイツ3万3703$、フランス3万5150$と、日本の一人当たりの所得は、アメリカよりもヨーロッパに近づいているのです。あれだけ働かないヨーロッパと所得が変わらないなら、日本は今の所得のままでヨーロッパ型のライフスタイルをめざすべきではないでしょうか。

ヨーロッパのサラリーマンの年収は３００万円程度です。ただ、彼らはそれ以上を望んでいません。年収３００万円あれば十分に暮らしていけるからです。また、貴族支配の階級社会が続いたことによって、ヨーロッパの一般庶民は、上昇志向そのものを失ってしまいました。いくら努力しても貴族にはなれないからです。努力すれば大富豪への道が開かれている「アメリカンドリーム」の国とは、価値観が大きく違うのです。

成功への夢を追いかけ、朝日に向かって走り続けるアメリカ型と、貧しいながらもゆったりと夕日のなかでうたた寝をするヨーロッパ型。どちらが正しいのかわかりません。ただ、私はヨーロッパ型のほうがずっと好きです。アテネで知り合ったギリシャ人は、私にこう言いました。

「ギリシャは貧乏だけれど、ほとんどの人が、おいしい料理とおいしい酒とステキな恋人を持っている。これ以上働いて、いったいほかに何が欲しいと言うんだい？」

■テレワークで働き方と時間はどう変わるか

休暇も満足に取れず、毎日混雑した通勤電車に乗るだけで疲れてしまう。こんな思いをするくらいだったら、自宅か自宅近辺のオフィスで仕事ができたらいいのに……。そう思う人は少なくないと思います。

そうした考え方は昔からあって、雇用者のサテライトオフィスや独立自営業者のSOHO（スモールオフィス・ホームオフィス）での就業が注目されてきました。

ただ、最近では働き方や組織が多様になってきたので、両者を含むテレワークという言葉が用いられるようになってきています。テレワークとは、「情報通信を活用することによって、時間と場所の制約から解放されて働くこと」を意味します。テレワークで働く人をテレワーカーと言いますが、2001年度の「国民生活白書」によれば、テレワーカーは雇用型と非雇用型に分かれます。雇用型は、企業で働く労働者が情報通信を活用して、自宅やサテライトオフィスや取引先などで働く形です。一方、非雇用型は、さらに独立自営型とエージェント組織型の二つに分かれます。エージェント組織というのは、個人事業主では難しい営業活動や価格交渉、トラブル対応、研修などを個人に代わって行ってくれるものです。

テレワークで働く人がどれだけいるのかは、雇用型しかわかっていません。雇用型だけで言うと、1996年の81万人から2000年には246万人と、4年間で3倍にも増加しています（日本テレワーク協会推計結果より）。また、アメリカでは2000年で1650万人ものテレワーカーが働いているそうです（米国テレワーク協会調査結果より）。

テレワーカーが急増している背景は、①インターネットで送れる情報が量的にも質的にも拡大してきたこと、②企業がアウトソーシングを活用した経費節減を進めていること、③通勤時間削減や子育てとの両立など、働く側のテレワークニーズが高まったこと、があげられます。

雇用型のテレワークが急増していると言っても、実際にテレワークを導入している企業は全体の1割程度にしかすぎません。自分の会社が制度を導入していなければどうしようもありませんから、多くの女性にとって関心が高いのは非雇用型テレワークでしょう。こちらは誰でもできますし、子育てとの両立を図るうえでも、便利な働き方になるからです。

テレワーク協会の調査（「在宅型ワークスタイルに関するアンケート調査」）では、非雇用型のテレワークは専業系と副業系があり、専業系では1日8〜9時間、副業系では2〜3時間の労働時間が多くなっています。当然年収も大きく異なり、専業系で454万円、副業系で42万円というのが平均になっています。

非雇用型のテレワーカーとして働いているのは女性が圧倒的に多く、日本労働研究機構の「パソコンネットワークに集う在宅ワーカーの実態と特性」によると、50・9%が子どものいる女性、24・9%が子どものいない女性と、4分の3が女性になっています。仕事の内容としては、テープ起こしやソフト開発、デザイン、翻訳などの仕事が多いようです。

この調査で、子どもがいる女性がなぜテレワークを選んだのかを見ると、「家族の世話のため」が81・2%、「柔軟・弾力的に働ける」が57・7%、「仕事が選べる」38・8%(複数回答)が主な理由になっています。

しかし、テレワークはよいことばかりではありません。先のテレワーク協会の調査では、テレワークの問題点として、「仕事の多い時期と少ない時期の変動」(55・5%)、「仕事の単価の安さ」(46・7%)、「年金・健康保険などの福利厚生面での不安」(42・4%)、「受注量の少なさ」(39・9%)などがあげられています。また、あくまでも独立自営業者として契約をするわけですから、締め切りは厳守しなければなりません。また仕事を断ってばかりいると、次の仕事が来なくなるので、結局オーバーワークになってしまうということもしばしばあるのです。

■起業するのはよいことか

景気が拡大するなかで、大企業に勤めるサラリーマンは、ボーナスも増えて、生活が相当よくなってきています。ところが中小企業の業況は相変わらずよくなっていませんから、そこで働く人の暮らし向きもよくなりません。非正社員として働く人でしたら、なおさら将来に明るい展望を持つこともできません。また、女性の場合はとくに自分の将来のキャリアが見えないと、悲観している人がたくさんいます。

そうしたとき、会社内での職業生活に見切りをつけ、起業をするという選択は、果たして正しいのでしょうか。

まず、起業の実態を国民金融公庫総合研究所の「新規開業白書」（２００７年版）で見ていきましょう。

新規開業した人の性別を見ると2006年は女性の比率が16・5％と3年前に比べて2・7ポイント増えています。女性の起業はやはり確実に増えているようです。

さらに、開業時の年齢を見ると、平均42・6歳となっています。開業年齢は意外に高いのです。

また、45歳以上で開業した人の割合は43・0％となっていて、この割合は、10年前と比べると11・2ポイントも大きくなっています。開業年齢の急速な高年齢化が進んでいるのです。

その理由は二つ考えられます。一つは、ビジネスが高度化するのにしたがい、ある程度の仕事の経験と知識がないと開業が難しくなっているということです。ある学者が、起業をして成功する確率を開業年齢ごとに調べた結果、やはり40代で開業するのがいちばん成功確率が高いということでした。考えてみればあたりまえで、気力も体力も充実して、しかも経験が積み重なるのが40代だからです。

中高年の起業が増えたもう一つの理由は、開業資金でしょう。新規開業白書では、平均443万円の自己資金を開業の際に用いたとしています。新規開業で銀行はなかなか資金を貸してくれません。つまり、どうしても自己資金に頼らないといけないのですが、年齢が若いと十分な資金が貯められないのです。

ただ、今の仕事をしていても将来に展望が開けないので、みずからビジネスをしたいと思う人も多いでしょう。とくに、男女平等とは言いながら女性に経営層への登用の道をあまり開いていない企業が実態としてはいまだに多いのですから、なおさらです。

しかし、起業は大きなリスクを伴います。開業後10年経って、予定していたようなビジネスを実現できている企業は、おそらく1〜2割しかないと思われます。新規開業白書で見ても、目標の月商を達成できていない企業が62・3％にのぼっています。

また、起業して仕事が楽になることも、まずありません。労働時間は、会社に勤めているときよりも、ほぼ確実に長くなります。小さいながらも会社の総責任者になるのですから、あらゆる雑用が降りかかってくるからです。

アメリカでは、大学生が起業することが多いのですが、実際に話を聞くと、「日本のように終身雇用で高い賃金をくれる就職先があるならそこに行くけど、それがないから起業をするんだ」という答えが返ってきます。

少し、否定的な話ばかりしてしまったので、起業のプラス面にも触れておきましょう。起業のプラス面は、大成功の可能性があるということです。日本の社長の平均年収は3000万円、上場企業の社長でも4000万円です。つまり、サラリーマンとして、どんなに成功しても、その程度のお金しか手に入れることはできないのです。ところが、起業して、上場まで持っていけば、株式売却によって数億円、場合によっては数百億円のお金が手に入ることもあります。しかも、今は株式売却が税制上優遇されているので、株式売却益にかかる税金は地方税も含めてたったの10%です。売却益の9割が丸々手元に残るのです。

さらに、新しい会社法で、これまでの最低資本金の規制がなくなり、1円起業が可能になりました。実際にはさまざまな手続きで30万円ほど必要ですが、それでも、これまで有限会社を作るのに300万円の資本金が必要だったのに比べれば大きな進歩です。

正直な気持ちで言えば、もし事業に失敗しても、生活の面倒を見てくれる家族やパートナーがいるのであれば、思いきってチャレンジしてみるのも悪くないと思います。ただ、その場合でも、どうやって顧客を確保するのかだけは、しっかりと考えておきましょう。

新規開業企業がいちばん苦労しているのは、その点だからです。

■大富豪はどのように生まれているのか

起業の目的を「お金」と考える経営者が最近増えてきました。

庶民の生活が苦しいなかで、都心の数億円のマンションが即完売になったり、60万円のスーツ、数千万円のクルーザー、100万円を超すフェラーリの自転車、高級ブランドのバッグなどが飛ぶように売れている「ミニバブル」とも呼ばれる現在の高級品ブームは、その背後に高額所得層が生まれていることを示唆しています。彼らこそが起業家（企業家）なのでしょうか。

日本で唯一と言ってもよいお金持ちの実態に迫る調査は、京都大学の橘木俊詔教授が行った『日本のお金持ち研究』（日本経済新聞社／2005年3月）です。

この研究では、3000万円以上の高額納税者で前年も高額納税者名簿に名前が載っている約6000人を対象に独自のアンケート調査を行っています。回収率は約1割にすぎませんでしたが、そこには驚くべき属性が現れていました。

一般に、お金持ちのイメージは芸能人やスポーツ選手といった華やかな職業ですが、実際のお金持ちの32％が企業経営者、15％が医師で、この二つの職業だけで半数近くを占めていました。次いで企業経営幹部が12％、芸能人とスポーツ選手は1％ずつ、弁護士はわずか0・4％にすぎませんでした。

この結果を見ると、富豪への道は、まず大企業に入社して、偉くなることのように思えますが、そうではありません。東京都の企業経営者・幹部の高額納税者のうち、上場企業の人の割合は2割にすぎず、しかも17年前の3割から大幅に減っています。つまり、お金持ちになるには、上場企業で出世するのではなく、自分で起業するか、親の企業を受け継ぐしかないのです。

一方、医者は、これまで開業医になれば安定して稼げましたが、診療報酬の抑制で、今ではそれもかなり危うくなりました。親が開業医でない場合は、開業してもローンの負担に追われてしまうケースがめだっています。

結局、お金持ちになれるのは親からの遺産を受け継いだ者と事業に成功した者ということになりそうです。

しかし、私はそれが今のお金持ちの主流であるとは考えていません。「全国消費実態調査」で1999年から2004年にかけての年間収入の分布がどのように変化したのかを見ると、年収900万円台以上の層の構成比は軒並み減少し、逆に年収800万円台以下の層の構成比が軒並み増えています。この調査はサラリーマンだけでなく、自営業を含めたすべての国民を対象にしています。そのなかで、お金持ちが減って、お金のない層が増えるという「地すべり現象」がみられるのです。これはいったい何を意味するのでしょう。

私は、こうした公的調査に答えない、あるいは答えたくない層こそが、今の富豪を形成しているのだと思います。つまり、大金持ちは働いて稼いだ人ではなく、お金に働かせて稼いだ人なのです。日本ではこれまでそういう人は非常にまれでしたが、欧米では「お金持ちが働かない」というのは常識です。日本もその「グローバルスタンダード」に近づいたと言えます。

1997年の金融危機以降、日本ではハゲタカビジネスが大いに盛り上がりました。不良債権処理に絡んで二束三文で株式や不動産、あるいは企業を買い取り、高値で売り抜ける。あるいは、一見、成長性豊かな事業を立ち上げて新規株式公開を行い、多額の株式公開益を懐に入れる。今、富豪になっている人たちは、そうした人が圧倒的に多いのです。

彼らと話していると彼らの思考には一定の特徴があることがわかります。第1に、お金は使うものではなく、増やすものだと考えていること。たとえば自分が住むための家はなるべく買わない。彼らは貸して収益をあげるために買うのです。

もう一つは、いかに税金を節約するかを考えていること。だから資金を海外に逃避させ、法律スレスレの節税策を講じる。

だから、彼らと話していると、話題は節税とインサイダー取引と合コンの話ばかりで、文化を論じることはほとんどありません。つまり教養がないのです。だから、消費に関しては成金的な使い方しかできないのです。

アメリカではビル・ゲイツやジョージ・ソロスが慈善事業に軸足を移しているのと大違いで、彼らは資産を増やすことに夢中。

しかし、不良債権処理が一段落し、そしてIT株バブルも崩壊したため、日本では今後今までのようなペースで成金の富豪が生まれることはないでしょう。富豪になった彼らが今後めざすのは、今の階級が子どもの世代、孫の世代まで継続するような階級社会を作ることではないかと私は考えています。

■安易な転職をしてはいけない

「会社辞めたいな」。そう思ったことのないサラリーマンは、世の中にいないのではないでしょうか。

実際、２００２年の総務省「就業構造基本調査」によると、現時点で転職希望を持っている人は、20代で21・３％、30代で15・２％、40代でも10・６％にも達しています。

会社勤めをしていれば、いろいろイヤなことや腹の立つことが起こります。「なんでこんなにツライことを続けなければならないのだろう」と思うのは当然です。そんなとき、「今すぐ辞表をたたきつけてしまえ」という悪魔のささやきが聞こえることもあるでしょう。ですが、絶対に安易に会社を辞めてはいけません。

最初にお断りしておきますが、私自身、会社を３回辞めました。だから、会社を絶対に辞めるなとは、口が裂けても言えません。

しかも、今は転職組にとって最高の時期でもあります。

リクルートエージェントという会社が、毎月、中途採用の求人状況をまとめているのですが、それによると２００７年7月の総求人数は、前年同月比で25・０％と大きな伸びを示しています。また求人数を業種別に見ても、15カ月連続で全業種プラスとなっています。

しかし、それでも、安易な転職行動は慎むべきです。その理由をお話ししましょう。

先に紹介した「就業構造基本調査」で、なぜ転職をしたいのかを見ると「収入が少ない」が29・０％で圧倒的に多く、次いで「時間的・肉体的に負担が大きい」が18・８％、「事業不振や先行きが不安」が12・４％、「知識や技能を生かしたい」が10・７％となっています。

それでは、転職で給料が上がるのでしょうか。厚生労働省の「雇用動向調査」が転職によって給料が上がったかどうかを調べています。２００６年の調査結果では、給料が上がった人が34・1％、変わらない人が36・０％、下がった人が28・７％となっています。「なんだ。上がるか、下がるか、半々じゃないか」と思われるかもしれません。しかし、もう少し詳しく見ると、厳しい現実が浮かび上がってきます。転職で給料が1割以上上がった人は20・２％なのに対して、転職で給料が1割以上下がった人は21・０％いるのです。

転職で給料が大幅にダウンするリスクは意外に大きいのです。

しかも、この調査はあくまでも転職に成功し、今、常勤労働者として働いている人が対象です。転職に成功しなかった人は含まれていません。転職をめざして会社を辞めたものの、どこにも就職先がないという人は含まれていないのです。就職先がなかったら、収入はゼロですから、もっと悲惨な結果が待ち構えています。

そもそも、大部分の人が給料アップをめざして転職活動をします。にもかかわらず、転職成功者の3割しか給料アップを果たしていないという事実を十分認識しておくべきでしょう。

さらに、転職にはさまざまなコストがかかります。転職のためには何回も面接を受けなければならないので、その分、自分の時間を犠牲にしなければなりません。転職に成功しても、煩雑な勤務先変更の手続きが必要になりますし、社宅を出なければならない人もいます。勤務先を変えると勤続年数が短くなるので、クレジットカードが作れなくなったり、住宅ローンが組めなくなったりします。そして、いちばん大きなコストは、今までの会社での人間関係が失われてしまうこと。それまで築いてきた社内の友人、同期、取引先との人間関係はすべて断ち切られます。それらを新しい会社でもう一度築かなければなりません。

また、中途採用者が生え抜きと比べて、昇進面や配属先で冷遇される会社も、実際問題としては、かなり残っています。転職はそうしたリスクを踏まえても、なおメリットのほうが大きい場合に限るべきなのです。

転職したくなる第二の理由は、今の仕事がキツいということでした。それでは、転職によって本当に自分の時間を持てるような仕事に変われるのでしょうか。

正確な統計があるわけではありませんが、労働時間は大企業ほど短いというのが私の実感です。労働基準法で、労働者の働き方は厳しく規制されています。残業時間や休日出勤は、企業の自由にはできないのです。

大企業の場合は、労働組合がしっかりしていたり、あるいは世間体があったり、労働基準監督署の監視が厳しかったりといった理由で、比較的法律が守られているケースが多いのですが、中小企業や零細企業になるとめちゃくちゃなところが増えます。とくにひどいのがベンチャー企業です。ベンチャー企業の社長が高層マンションで優雅にホームパーティを開いていたり、クルーザーで大海原を航行している場面を見たりすると、ベンチャー企業はオシャレな働き方、生活をしているように思うかもしれませんが、それは経営者だけの話です。多くのベンチャー企業に余裕はありませんから、休みナシで、毎日終電まで働くなんてあたりまえ、会社に何日間も泊まり込むというのも日常茶飯事なのです。もちろん残業代なんてつきません。

それでは、転職で企業規模はどのように変化するのでしょうか。「雇用動向調査」によると、転職によって勤務する企業規模が小さくなった人が61・2％、変わらなかった人が25・3％、企業規模が大きくなった人は13・5％にすぎないのです。

私が最初に入社した日本専売公社は3万2000人規模でした。転職先の三井情報開発は1000人規模、次の転職先の三和総合研究所は400人規模、そして現在は妻と二人の零細企業です。統計どおり、順調に企業規模を小さくしてきました。そして、時間的に最も人間らしい生活を送れたのは、やはり最初に就職した専売公社の時代でした。

こう考えてくると、今あなたが勤めている会社も、案外よい会社なのかもしれません。給料は高くないかもしれませんが、本当にそんなにお金が必要でしょうか。年収300万円を超えていれば、工夫次第で、そこそこ楽しい暮らしはできます。無理して働いて給料を増やしても、交際費や服飾費など見栄を張るためのお金で消えてしまって、定年を迎えたときに、残されたものはボロボロになった体と心だけということにもなりかねません。それよりも、身の丈に合った暮らしを淡々としたほうが、よほどステキな人生です。

今の会社は、忙しすぎて、とても体が持たないと思われる方もいらっしゃると思います。しかし、あなたの会社に、ゆったりと暮らしている社員は一人もいませんか。普通の会社には、出世の道を閉ざされて、ゆったりと仕事をしている人が必ずいるはずです。そうした人生をめざしてみては、いかがでしょうか。出世しようと思うからキツいので、それさえあきらめてしまえば、サラリーマン生活は楽になるものなのです。

仕事がキツい原因は、時間的な問題ではなく、人間関係の場合もあります。「あんな上司の下では働けない」と思っている人も多いでしょう。しかし、私の経験でハッキリしていることは、「どんな会社にもイヤな上司はいる」ということです。

あなたの会社に人事異動があるのであれば、じっとがまんさえしていれば、その上司はいずれ異動していきます。転職しても、よい上司に巡り会えるとは限りません。案外、みずから転職するより、上司の異動を待ったほうが早いということも十分ありえる話なのです。

これだけお話ししても、まだ転職したいと思う方はたくさんいらっしゃると思います。そうした方のために、実際に転職する場合の注意点をお話ししておきたいと思います。

まず大原則は、次の会社を決めるまでは、絶対に今の会社を辞めてはいけないということです。

私の友人で、楽天証券経済研究所に勤めている山崎元という経済評論家がいます。彼は、これまで一流企業ばかり12回も転職に成功してきました。その山崎氏は「転職はサルの枝渡りといっしょだ」と言っています。

サルは枝渡りをするときに、次の枝をつかんでから、元の枝を手放すのだそうです。転職もそれと同じで、どこも握っていない時間を作ると、下に落ちてしまうと言うのです。

山崎氏は、引く手あまたで、いくらでも働き口を選べる人です。その彼でさえそう言うのですから、普通の人ならなおさらです。

短気を起こして会社を辞めてしまい、失業保険で食いつないでいても、すぐに保険は切れ、貯蓄も底をついてしまいます。そうなると、ぜいたくは言っていられませんから、どこでもよいので就職しようということになります。

そうして選んだ会社が、給料がよかったり、職場環境がよかったりするはずがありません。よい職場選びは、自分に余裕があるときにだけ可能なのです。

もう一つ、転職に際して注意しておくべきことがあります。それは転職のときが、わがままを言える唯一のチャンスだということです。

一度会社に入ってしまうと、給料を上げてくれとか、家賃の補助をしてほしいとか、勤務地の限定をしてほしいといった要求を出すことは難しくなります。それを言えるのは、転職のときだけなのです。

会社が採用するのは、あなたが欲しいからです。ですからその欲しがる気持ちに乗じて、要求できるものはキッチリ要求しておくべきなのです。

労働条件は、細かいところまでキチンと詰めておきましょう。あるＩＴ関連企業に転職した私の知り合いは、転職の際に年俸８００万円という条件を提示されました。ところが、実際に入社してみると、３カ月ごとに実績の査定があって、８００万円の年収は保証されていなかったのです。入社して早々に実績をあげるのは極めて困難ですから、サギに遭ったようなものです。しかもその会社は、パソコンから文房具まですべて自腹の負担で、仕事も2倍以上忙しくなってしまい、転職のメリットはなかったそうです。

転職のときに、最もわがままを通しやすいのは、どうしても欲しいと、相手の会社から言われた場合です。とくにヘッドハンターから誘いがきたときは、大きなチャンスです。

ただ、現実問題としては、なかなかお誘いはかかりません。正直言って私は数回電話がきたことがあります。そのうち1回は外資系の金融機関でした。

おもしろいので、電話で詳しく条件を聞いていたのですが、突然、電話の相手が英語で話し始めました。しかたがないので、私も英語で応対したのですが、しばらくして先方が突然、「森永さん、もう結構です」と言って電話を切ってしまいました。もちろん、その後、一度も連絡はありませんでした。

やはり、いくらでもわがままを言える転職の機会というのは、そう簡単には得られないようです。

第四章　あなたを守るための資産運用

■働いたお金を基本に資産運用を

私は、お金にお金を生ませることは好きではありません。お金は働いて稼ぐものだと思っているからです。だから、ハゲタカファンドが年利回り100％で資金を運用したり、デイトレーダーが一晩で何十億円も稼いだという話を聞くと、正直言って、不愉快な気持ちになってしまいます。

私のこうした考えというのは、今のマネーゲーム全盛の世の中では、極論に聞こえるかもしれません。ただ、イスラムの世界では、今でも金利を取ることが禁じられています。投資をして儲けるのはよいのですが、お金にお金を稼がせる金利は駄目なのです。

実は、中世までの欧州でも、キリスト教は金利を取ることを倫理上禁止していました。高利貸しは、最も軽蔑される存在であり、その遺がいは犬や牛とともに溝に埋められるべきだとされたほどだったのです。

ルネサンス期のフィレンツェで、芸術家たちのパトロンとして名をはせたメディチ家は、その「高利貸し」でカネを生み出していました。宗教上やましいことをしていた彼らは、ローマ教皇に接近したいと考えます。しかし、教会への慈善活動で名声を得てはならないというのがキリストの教えでした。そこで、金と名声を交換するための盲点となったのが、芸術というあいまいな領域だったのです。芸術家に教会の壁画などの作品を描かせることは、直接の慈善活動にはなりません。崇高な活動にみえるメディチ家の芸術家支援も実は、贖罪《しょくざい》にすぎなかったのです。

私のお金に関する倫理観は、そうした宗教上の戒律に比べれば、はるかに緩いものです。お金にお金を生ませて、それで生活しようとするのではなく、一生懸命働いて稼いだお金の価値を守るための資産運用を考えましょうということなのです。

「それだったら、預金しておけば十分ではないか」と思われるかもしれません。確かに、そうかもしれません。しかし、それは今の日本がデフレだからです。戦後、デフレに陥った国は日本しかありません。いつとは言えませんが、必ず近い将来、日本は世界と同じ緩やかなインフレ経済に転換します。そのときには、預金をしているだけでは、資産の実質価値を守れないのです。インフレ期には、預金金利は物価上昇に追いつくのが精いっぱいです。実際には利息から20％の税金を取られますから、物価上昇に追いつきません。しかも、資産の本当の価値を守るためには、物価上昇率ではなく、賃金上昇率に合わせて資産を増やしていく必要があります。そのためには、ある程度のリスクを取らざるをえないのです。もちろん、「お金のない人がリスクを取ってはいけない」というのは資金運用の最も重要な原則ですから、どうやってリスクを抑えながら、利回りを確保するのかというのが、大きな課題になっていくのです。

■流れを変え始めた個人マネー

日本の個人投資家は、預貯金ばかりを持って、一向にリスクのある金融商品に投資しないというのが、これまでの常識でした。実際、日本銀行が発表している「資金循環統計」の国際比較でも、家計金融資産全体に占める「現金・預金」の割合は、2007年3月末で日本が50・1%、アメリカが12・9%と、日本のほうが4倍近く大きくなっています。一方、投資信託は日本が4・5%に対してアメリカが14・7%、株式は日本が12・2%に対してアメリカは30・4%と、アメリカのほうがリスクのある資産の割合が圧倒的に高いのです。

もちろん、アメリカのポートフォリオが正しいというわけではありませんが、欧州諸国と比べても、日本人の預金好きは際だっていて、世界的に見て特異な資産構成になっていることは間違いないのです。

ただ、日本の資産運用の特殊性にも変化が見られるようになってきました。資金循環統計で見ると、家計部門が持つ「現金・預金」の額が２００５年３月末は７７５兆円と前年度の７８０兆円から０・５％減少したのです。現金・預金の残高が減少したのは、統計が現在の形になった１９８０年度以降では初めてのことです。その後も「現金・預金」の減少は続いていて、２００７年３月末には「現金・預金」の額は７７０兆円にまで減っています。

２００４年度に現金・預金が減少した最大の要因は、定期性預金が５４０兆円から５２４兆円へと３％、16兆円減少したことです。当時は、大手銀行の１年もの定期預金の金利が０・０３％という超低金利でしたから、資金が流出してもある意味で当然だったのですが、問題はその流出先です。

家計金融資産全体は２００４年度の１年間に20兆円増えていますから、定期性預金から逃げ出した16兆円は、ほかの金融資産へシフトしているはずです。そこで個人金融資産の内訳を見ると、この1年間の残高は、「国債・財投債」が7兆円増、「投資信託」が4兆円増となっていて、この二つだけで流出した定期性預金の大部分を吸収しています。

個人所有の国債が増えた最大の原因は、個人向け国債が人気を集めたことでしょう。1万円から購入できて、変動金利、そして10年もの国債の発行金利から0・8%を差し引いて決められる金利は、定期預金と比べて圧倒的に有利でした。10年もの国債の場合は、金利の上昇局面で売却すると大幅な損失がでる可能性がありますが、個人向け国債の場合は、1年経過後は国が額面で買い取ってくれるので、元本割れのリスクはほとんどありません。やはり日本人は、リスクを取りたくない国民性だったようです。そのことは、個人の所有する株式の残高が2004年度の1年間で3兆円しか増えていないことにも表れています。当時、上場株式の平均配当利回りは1・3%になっていました。10年もの国債の利回りを上回る水準です。それでも株に資金が流れなかったのは、バブル崩壊後の大幅な値下がりによる心の傷がまだ消えていないということだったのでしょう。

ただし、日本の個人投資家がある程度のリスクまでなら耐えられることは、投資信託の純資産額が2004年度の1年間で4兆円増えたことからも明らかでした。そして、その姿勢が一気に表に出てきたのが２００５年度でした。個人保有の株式は34兆円も増えたのです。２００４年度は日経平均株価が５３９１円も上昇しました。株価が上がることで、個人投資家の積極的な株式投資を誘ったのです。ただし、２００６年度は日経平均株価が２２８円しか上がりませんでした。その結果、個人保有の株式は７兆円も減ってしまいました。「儲かっていないと、持てない」というのは、まだ資産運用として株式投資が定着していない、個人投資家の傷が完全には癒やされていない証拠なのかもしれません。

■銀行預金は選ぶ時代

２００３年４月に日経平均株価が７６０７円のバブル崩壊後の最安値をつけたころには、メガバンクさえ破たんしかねない状況でした。そのころと比べると、財務面では、銀行経営はすっかり立ち直ったようにみえます。ところが、私たちの接する銀行は、かつてとは、ずいぶん様子が変わってしまいました。

たとえば、昔は定期預金をすると、貯金箱をくれたり、ラップや洗剤をくれたりしたものでした。ところが、最近はもらえません。また、定期預金をすすめられることがなくなって、すすめてくるのは、投資信託と外貨預金ばかりです。いったい何が起こったのでしょうか。

結論から言うと、銀行は庶民から預金を集めようとしなくなったのです。もちろん、預金が要らなくなったのではありません。

プライベートバンキングという言葉をご存じでしょうか。今、大手銀行が次々に拡充しているサービスです。通常の銀行業務に加えて、証券、保険、不動産から相続や投資相談まで、さまざまな金融サービスを、きめ細かく提供するのですが、プライベートバンキングのサービスを受けられるのは、資産残高がおよそ1億円以上の金持ちだけなのです。

なぜ銀行が、そうしたお金持ちしか相手にしなくなったのかと言えば、庶民から預金を預かっても銀行は儲からないからです。

２００６年度決算で、全国の銀行が預金者から預かった資金を運用して得た利回りは１・５１％となっています。ここから預金金利や人件費やコンピュータ経費などの運営経費１・１８％を差し引くと、残りは０・３３％しかありません。これだけ利ざやが小さいと、庶民の細かい預金に人手をかけていたのでは、銀行は赤字になってしまいます。それで、資産額が1億円に満たない普通の預金者を、銀行員が相手にすることがなくなったのです。

「普通の人は、ATMに並びなさい。機械が相手をしますよ」というのが銀行の本音なのです。もちろん、高い手数料を取ることのできる外貨預金や投資信託は、庶民を相手にしても銀行は十分に儲かります。だから、銀行は外貨預金や投資信託をすすめてくるのです。

一方、最初から割り切って、機械が預金者の相手をする銀行が、次々に設立されました。ジャパンネット銀行、ソニー銀行やイーバンク銀行といったネット銀行やセブン銀行のようなスーパー・コンビニの端末を窓口とする銀行が急速に規模を拡大したのです。また、ローソンが銀行代理業への参入をめざしたり、三菱東京UFJ銀行とKDDIが携帯電話を利用した代金決済などを行う新銀行を設立する方向で最終調整しています。

こうした時代に私たちはどのような形で銀行とつきあっていけばよいのでしょうか。

私は、普通の銀行が庶民の預金を相手にしなくなったのであれば、それを逆手に取って、新しいタイプの銀行を積極活用すべきだと思っています。

たとえば、2007年9月1日現在、1年ものの定期預金金利は、大手銀行が0・35

%であるのに対して、セブン銀行は0・5%、ソニー銀行が0・95%、イーバンク銀行は0・91%となっています。また、普通の銀行や信用金庫でも、キャンペーンのときには、高金利をつけている場合があります。

まとまった資金がある場合には、インターネットでこまめに金利を調べて、できるだけ高金利の銀行に資金を集中したほうがよいでしょう。ペイオフは解禁されましたが、元本1000万円以下の預金は、利息も含めて預金保険で完全保護されていますから、銀行経営の安全性を過度に気にかける必要はありません。また、今後、日銀の短期金利引き上げで預金金利が上昇しても、同じペースで新興銀行の金利も上昇すると思われます。預金金利の差は、新興の銀行がコストを安く抑えていることが理由で、そのことは金利水準が上がっても関係がないからです。

さらに、新しいタイプの銀行には、振込手数料が月に何回か無料になるといったサービスをしているところもありますから、そうしたメリットも含めて、これからは銀行を選ぶべきでしょう。

■仕組み預金は普通の人には？

金利が上がったとは言え、定期預金の金利は大手銀行の1年もので0・35％、5年ものでも0・6％前後と、とても好利回りとは言えません。そんななか、12％といった超高金利を誇らしげに掲げる広告があります。思わず飛びついてしまいそうになりますが、そこにはからくりがあります。超高金利の預金には、通常二つの特徴があるのです。一つは外貨建てであること、もう一つは高金利の適用期間が短いということです。

たとえば、豪ドル建ての定期預金で、当初1カ月のみ年利12％の金利がつくけれども、2カ月目からは2％になるといった商品が典型です。この商品の場合、12％というのは客寄せの目玉商品のようなもので、1カ月経つと普通の外貨預金に戻ってしまうのです。

だったら、高金利の最初の1カ月だけで解約してしまえばよいと思われるでしょう。しかし、そうもいかないのです。なぜかというと、外貨預金には為替手数料がかかるからです。豪ドル建て預金に預けようとすると、まず円を豪ドルに換えないといけません。そのときに1％程度の為替手数料を取られます。そして預金を引き出すときにも豪ドルから円に戻すために1％程度の為替手数料を取られます。為替だけで2％の手数料を取られることなるのです。

一方、預金金利のほうは12％の高金利と言っても、それが適用されるのは1カ月だけですから、実際に1カ月でもらえる金利は1％にすぎません。ですから、1カ月で解約すると、金利が1％つきますが、為替手数料が2％取られるので、差し引き1％の赤字ということになってしまうのです。

この預金は、実質的に為替手数料を半額にするのとほぼ同じなのですが、12％という金利を見せたほうが、すごく有利に見えてしまうという人間の心理をうまく突いているのです。

こうした預金は、為替手数料をきちんと計算すれば、有利か不利かを判断することができるのですが、最近は素人ではとても判断のつかない預金商品が登場しています。仕組み預金と呼ばれるものです。

たとえば5年ものの定期預金で1・5％の金利がつくのだけれど、5年後に銀行の判断で預入期間をさらに5年間延長できるといったものです。つまり銀行が勝手に10年満期に変更できるのです。この種の預金は中途解約が禁じられていますから、今後インフレになって、普通の定期預金金利が大きく上がったとしても、預金者は、最初に預けたときの金利をそのまま10年続けざるをえなくなるのです。逆に5年後に市場金利が超低金利に戻っていたら、おそらく銀行は5年満期の時点で預金者にお金を返してしまうでしょう。

これだけ銀行のわがままを許す対価としての1・5％という金利が、高いのか安いのか、にわかには判断できません。金融庁も2006年8月9日の『広告の表示等に係る取組みについて』という文書の中で次のように述べています。「金融商品の多様化に伴い、投資信託や保険商品に加え、デリバティブを組み込んだ新たな形態の預金商品（いわゆる仕組預金）等、その商品のリスク性、複雑さゆえに、広告等に当たり、顧客に十分な説明を必要とする商品もみられるようになってきている」

実は仕組み預金の大部分には、デリバティブという金融商品の技術が使われています。デリバティブの価値を判断するのは、専門家でも難しいので、普通の人にはまず無理でしょう。

だから仕組み預金を利用するときには、自分のライフスタイルと照らし合わせて、突然満期が延長されても大丈夫か、ほかに金利の高い預金が登場してもがまんができるかなどを十分吟味する必要があるでしょう。

また、仕組み預金は原則解約できませんが、どうしてもという事情があるときには、ペナルティを払って解約できます。ただ、そのペナルティはとても大きいので、どのくらいになるのかあらかじめ確認しておくとよいでしょう。

■金利上昇局面での資金運用

２００７年上半期の個人向け国債の販売高が激減しました。２００６年７月に発行された個人向け国債は２兆２２４３億円売れましたが、２００７年４月の発行分は１兆１８０５億円と、ほぼ半分に落ち込んだのです。一時は売り切れが続出するほどの人気だった個人向け国債の人気が、なぜこれほど落ち込んだのでしょうか。

最大の原因は、２００６年７月と２００７年２月の２回にわたって、日銀が短期金利を引き上げたことです。金利が引き上げられた結果、３００万円未満のスーパー定期預金の平均金利は、２００７年５月で、１年ものが０・３５２％、３年ものが０・４１７％、５年ものが０・５７５％となりました。ゼロ金利解除前の１年もの定期預金の金利が０・０

6％だったことを考えると、ずいぶんと上昇しました。それだけではありません。銀行によっては、キャンペーン金利が実施されていて、現在最も高い預金金利は、1年ものが1・0％、3年ものが1・2％、5年ものが1・4％となっています。

個人向け国債は、変動金利型（満期10年）と固定金利型（同5年）の2種類がありますが、主力商品の変動金利型で見ると、2006年7月に発行された商品の初回金利は1・1％でした。圧倒的に預金金利を上回っていたのです。ところが、2007年4月に発行された商品は0・87％と、預金金利とさほど違わない、場合によっては預金金利を下回る金利になっているのです。個人向け国債は、購入後1年間は中途解約ができないなど、流動性や利便性の点で預金より劣ります。そのうえ金利面での優位性を失えば、販売が減って当然なのです。

なぜこんなことが起こってしまったのでしょうか。実は、変動金利型個人向け国債の初回金利は、10年満期の長期国債の発行金利から0・8％を差し引いて決められます。たとえば長期国債の発行金利が2・0％だったら、個人向け国債の初回金利は0・8％を差し引いた1・2％となるのです。重要なことは、変動金利型個人向け国債の金利は、長期金利に連動するということです。

日銀がコントロールするのは短期金利です。1年から5年程度までの預金金利は、短期金利の影響を強く受けます。そのために預金金利は上がったのです。ところが長期金利は、そうはいきません。長期金利は、長期の物価見通しや日本経済の成長力に基づいて決まります。

2006年7月のゼロ金利解除、2007年2月の再利上げと、日銀は2度にわたって短期金利を引き上げましたが、日本経済がデフレから脱却するという期待を市場が確信できないから、長期金利が上がらないのです。デフレが続くなかで、日銀は年内に3回目の利上げを断行すると言われています。もしそうなると何が起こるのでしょうか。

私は日本経済が失速して、景気が後退に向かう可能性が高いとみています。そうなれば、日銀は再び金利を下げて、景気を下支えせざるをえなくなります。もし、そうしたシナリオを前提にすると、どのような資産運用を考えたらよいでしょうか。

私は、5年満期の固定金利型個人向け国債を検討してもよい段階に来ているのではないかと思います。固定金利型個人向け国債の金利は、5年もの国債の発行金利から0・05

％差し引いたもので、当然5年間固定です。金利も1・13％（第6回債）と、変動金利型よりずっと高くなっています。日銀が3回目の利上げに踏み切れば、金利はさらに上がるでしょう。そのタイミングで固定金利型個人向け国債を買えば、その金利が5年間続くことになるのです。

もちろん予想がはずれてインフレになってしまう可能性も当然あります。ただ、そのときでも、固定金利型個人向け国債は2年たてば、解約することができますから、インフレになった時点でさっさと解約請求して、より長期の商品に乗り換えるというのが、一つのリスク回避策になるでしょう。

■外債投信は為替の動きに注意！

最近、定年退職者の間で大変なブームを巻き起こしている投資信託があります。主要国のソブリン債に分散投資する投資信託です。人気の理由は4つあります。

第1は、安全性です。ソブリン債というのは、国債や地方債など、各国の政府保証のある債券のことで、今、日本で売られているソブリン債ファンドは、欧米主要国のソブリン債を組み入れている場合が多いので、支払い不能になる可能性はほとんどありません。

第2は、安定利回りです。債券に投資するのですから、株式ファンドと比べると、基準価額の価額変動リスクが小さく、同時に安定的な配当が可能になっています。

第3は、毎月分配というしくみです。たとえば退職金を預けると、元本を減らさずに、年金のように毎月分配金を受け取ることができるので、その分だけ公的年金に加えて、生活を改善することができるのです。

第4は、高利回りです。現在、欧米の長期債利回りは4%台から5%台に達していて、それらを組み込んだ投資信託も、ほぼ同じ利回りの分配金を出しています。2000万円投資すれば、毎月8万円前後の分配金が受け取れる。実に理想的な商品なのです。

もちろん注意すべき点はあります。これも投資信託の一種ですから、1%以上の信託報酬を取られています。それでも、債券利回りと同程度の分配金が出ている理由は、円安が進んで、為替差益がでているからです。つまり為替差益で信託報酬をまかなっているような状況なのです。ただ、今の円安がいつまでも続くわけはないですから、高利回りがどこまで続くかは不透明です。

もう一つ気がかりなのは、為替リスクのヘッジがなされていないことです。もし円安の流れが止まって、円高になると為替差損が発生することになります。ですから、こうした外債のファンドに投資するときには、為替レート変動の流れが変わって円高が進行しそうになったら、いち早く、円建ての資産に移すことが重要でしょう。ボーッとしていても、自動的に毎月確実に高利回りが得られる。そんなうまい話はないのです。

■株式投資は預貯金とセットで、うまく活用を

かつてはプロ中心だった株式投資の世界に個人が積極的に参入するようになり、売買高に占める個人の比率は5割以上になりました。インターネットを通じて気軽に株式取引ができるようになったことが、個人投資家が増えた一つの原因でしょう。

このところ、アメリカのサブプライムローンのこげつき問題もあって、日本の株価は、激しい騰落を繰り返していますが、長い目で見れば株式投資は有利なのです。

たとえば、２００７年８月の1年もの定期預金の平均金利は０・３９１％です。これに対して、東京証券取引所第一部に上場する株式の平均配当利回りは07年7月現在で１・２

2％です。つまり、株価の上昇がなくても、株式投資のほうが得られる収益は高いのです。また、逆バブルの崩壊が終わっても、株価は平均的に言えば、経済規模に比例して上昇していきますから、日本の名目GDPが増えていく限り、値上がり益も取れることになるのです。

もちろん、預貯金と違って株式は値動きのあるものですから、儲かるときも、損をするときもあります。全体の株価が上がっているときでも、値下がりしていく株はあるのです。ですから、できるだけリスクを避けて、高い利回りを取る方策を考えていかなければなりません。そこで、資産をどのように運用したらよいのか、全体の戦略を考えてみましょう。

いくら株が有利だとは言っても、すべてを株で持つのは考えものです。株は売った途端にお金が入るわけではありません。入金されるのは3営業日後です。また、いざ現金が必要になったときに株価が下がっていて、売るに売れない状態ということもあります。

ですから、元本が保証されていて、いつでも現金に変わる預貯金は、必ず持っておくべきです。ただし、無制限ではなく、生活費の3年分を持っておけば十分だと日ごろ私は言っています。年収の3年分ではありません。非常時にこれだけあればなんとか暮らせるというギリギリの生活費の3年分です。ですから、月10万円で暮らせるなら360万円、月20万円だったら720万円を確保しておくのです。

それだけ預貯金を持っていると、さまざまな人生のリスクに対応することができます。たとえば会社がつぶれてしまったとか、リストラをされたとか、家庭の事情で働けなくなったというときに安心なのです。それだけではありません。サラリーマン生活を続けていると、さまざまな困難に直面することになります。粉飾決算をしろとか、顧客を裏切るような製品を売らされるとか、あるいは理不尽きわまりない仕事をさせられるといった事態です。そうしたときに、生活に余裕がないと、ついつい悪事に手を染めてしまいかねません。それを防ぐためにも預貯金は必要なのです。ただ、生活費の3年分というのは、あくまでも理想ですから、今現在ほとんど貯蓄のない場合は、とりあえず1年分でもよいかもしれません。

そして、必要最低限の預貯金を確保したら、あとはリスクのある商品で運用することです。そこでの基本は、ハイリスクな商品ほど、ハイリターンが得られるという大原則です。

■商品の性質を理解してこそ、いいポートフォリオが組める

初心者がいちばん入りやすい商品は株式投資信託です。これは、小口の資金を集めて株式投資の専門家が複数の株式に分散運用し、その成果を配当として分配する商品で、市場全体の値動きに連動するように運用するものとか、自動車株、銀行株など個別業界に投資するもの、業種を限定せずリスクをとって値上がり益を狙うものなど、さまざまな商品があります。換金したい場合は、そのときの時価（基準価額）で解約することができます。

素人が投資銘柄を選ぶより、専門家に任せたほうがよいという考え方はもちろんあります。しかし、仕事をしてもらうのですから、当然報酬の支払いが必要になります。一般的な株式投資信託は、販売時に2～3％の手数料を取られ、毎年1～1・5％程度の信託報酬を取られます。10年間保有すれば、信託報酬が10～15％もかかるのです。

それがもったいないと思う人は、直接自分で株式を持ったほうが有利です。投資の専門家が必ず利益をあげられるわけではありません。分散投資をすると言っても、業界ごとに少しずつ株を買っていけば、全体の時価は、日経平均株価と似たような動きをするものなのです。しかも、個別株を買っていれば株主優待も受けられます。これが意外に大きいの

です。

　リスクをあまり取りたくない人が個別株を持つときに、注意するべきことは、できるだけ幅広い分野に分散投資をすることです。銀行株が下がったときに電力株が上がるといったように、値上がりと値下がりが相殺されて、リスクを小さくすることができるからです。そうした意味では自分の勤める会社の株を買うのは絶対に禁物です。自分の業界を買いたいなら、ライバル企業の株を買うべきです。自分の会社の株を買うと、万が一会社が倒産したときには、仕事も資産も同時に失ってしまうからです。また、投資する株の組み合わせ（ポートフォリオ）を考えるときには、自分自身の収入も資産の一つとして考えておくべきでしょう。公務員のようにリストラや倒産のリスクを考えなくてよい人は、値動きの激しい株式を中心に買っても構いませんが、フリーランスで収入の変動が大きい人は、値動きの小さい株で安定運用をめざすべきです。

　もう一つ、デイトレードで短期投資をするか、数年単位で長期投資をするかという問題もあります。この二つは、投資の思想がまったく違います。

　短期投資のときは、企業の事業内容や業績はあまり重要でなく、配当も気にする必要がありません。値動きの激しい銘柄を数種類に絞って、細かく値上がり益を取り、下がったらすぐに損切りをするというのが基本です。また、割安の時期に買うのではなく、みんなの買いが集まって高値になっているときに買い、さらに高値になったときに売却します。

一方、中長期投資の場合は、業績がよく、将来有望で、配当もきちんと出している企業に分散して投資します。割安になった時期に買い、高値になるまでじっと待ちます。

どちらの投資方法がよいとは言えませんが、短期投資は激しく売買を繰り返すために、少額投資だと手数料の負担が重くて利益をあげるのが、なかなか困難です。また、ずっと相場を見続けている必要もあります。つまり、短期取引は、お金と時間がないと難しいのです。サラリーマンの株式投資は、やはり中長期が基本だと私は思います。

■うまい話ばかりでないFX

庶民でもできる代表的なハイリスク商品は、外貨FX（外貨証拠金取引）です。これは外貨を買って、為替差益を狙う金融商品です。たとえば、1ドル＝110円の為替レートで1万ドルを買うと、110万円です。ここで、為替が1ドル＝120円になると、1万ドルは１２０万円になりますから、10万円の利益がでるというのが、基本的なしくみです。ただし、外貨ＦＸのすごいところは、レバレッジ（てこ）を使えるということです。どういうことかと言うと、証拠金として預ける資金の10倍とか20倍、場合によっては２００倍の外貨を買うことができるのです。たとえば10倍を使うと、１ドル＝１１０円のときに１０万円の資金で10万ドル、つまり１１００万円分のドルを買うことができます。そこで、為替が１ドル＝１２０円になると、10万ドルは１２００万円になりますから、差し引き１００万円の利益がでます。投資資金は１１０万円ですから、利回りは91％です。それだけではありません。日本よりも金利の高い国の外貨を買うと、日本との金利差分だけスワップポイントというものがつきます。スワップポイントは日々変動しますが、現在は米ドルで年間４％程度です。しかも、このスワップポイントは投資金額ではなく、レバレッジを使って買った外貨につきますから、10万ドルを1年間保有した場合は、44万円にもなります。したがって、10倍のレバレッジを使って10万ドルを買った場合の為替差益とスワップポイントは合計１４４万円となり、投資金額に対する利回りは１３１％にもなるのです。

もちろん、そんなうまい話ばかりではありません。同じ例で、１ドル＝１１０円で10万ドルを買い、為替が1ドル100円になってしまったとしましょう。10万ドルの価値は1００万円から1０００万円に減りますから、１００万円の為替差損がでます。スワップポイントで44万円受け取っても、56万円の損失です。投資金額は１１０万円ですから、1年間にたった10円の円高がくるだけで、投資資金は半減してしまうのです。もちろん更なる円高がくれば、投資が全損になってしまうこともありえます。儲かるときも大きいが、損をするときも大きいハイリスク・ハイリターンの代表の商品が外貨FXなのです。ただし、それはレバレッジを使った場合で、FXを利用しながらレバレッジを使っていない人もたくさんいます。その場合のリスクは為替変動だけですから、リスクは外貨預金と同じです。つまり、どこまでリスクを取るかは、あくまでも投資家の判断なのです。

■金投資は資産の10%位が○

金の価格が高騰しています。２００7年7月23日には金地金の1g当たり小売価格が税込み２８２1円と、実に22年ぶりの高値を記録しました。「有事の金」と言われ、戦争など大きな社会的混乱が発生したときには、いちばん強い資産だとされています。アフガニスタンからイラクと戦争が続き、いまやイランまでが戦争の危機にさらされていますから、それだけでも、金価格の高騰はうなずけます。加えて、有事には原油価格も上昇しますから、金が好きなアラブ諸国がオイルマネーで潤って金の需要が増え、逆に産油国のロシアの財政が好転して、金を放出しなくなるので、ますます金の高騰が続くのです。しかし、金は本当に有利な投資対象なのでしょうか。

　実は、私は金投資に苦い思い出を持っています。1981年、就職したばかりの私は500gの金の延べ板を2枚買いました。当時の相場で350万円、全財産でした。第3次石油危機が来ると確信していたからです。

　ところが、翌年私は結婚することになり、お金が必要になりました。貯金はないので金を売らざるをえません。ところがそのときの相場は、1g2500円でした。1g当たり1000円も下がっていたのです。そこで500gの延べ板1枚だけを泣く泣く売りました。50万円の損失です。ところが私が延べ板を売った数カ月後に、メキシコ金融危機が起こり、金価格は1g4000円を超える水準に高騰したのです。私はそのタイミングで残りの1枚の延べ板を売ったので、全体としては、ほとんど損をしませんでした。ただ、それ以降、金価格がそのときの相場を超えたことはありません。金の価格は非常に不安定で、必ずしも右肩上がりのトレンドを持たないのです。

ただ、金は有事に強いことに加えて、金そのものに価値があることも大きな魅力です。株式は会社が倒産すると紙くずになってしまいますが、金はあくまでも金です。金の延べ板を持つと予想以上に重くて、手がズンと沈みます。その実感は、ほかの金融商品ではけっして味わうことができません。ですから、ある程度余裕があれば、資産運用の一部、たとえば10％くらいは金を持ってもよいのではないかと思います。

ただ、金投資については、注意しなければならないことがいくつもあります。

まずは手数料です。個人向けに金を売買しているのは田中貴金属工業、三菱マテリアル、住友金属鉱山といった地金業者や三菱商事などの商社です。手数料は業者によって異なりますが、どの会社も、売買価格に差をつけています。たとえば田中貴金属では、２００７年8月31日現在、１g当たり、売りが２６３２円、買いが２５７０円となっています。売買に２％程度の差があり、これが株式の売買手数料に当たります。けっして安くはないですが、このほかに５００g未満の地金では、別途手数料がかかります。

田中貴金属では500g未満の金地金を個人が買うときに5250円かかりますし、売却するときにも、500g未満のときには5250円の手数料が必要になります。たとえば100gの延べ板を売買すると、この手数料だけで3・8%になりますから、かなりの負担です。地金業者は、買い取った金を溶解して新しい地金を作り直してから販売するので、こうした手数料が必要となるのです。やはり、金の地金は500g単位で売買しないと損です。つまり、少なくとも140万円程度の余裕資金がないと、金投資は難しいということになります。

また、金地金への投資にはもう一つの注意が必要です。それは盗難です。地金業者は保護預かりをしてくれますが、それにはまた手数料がかかります。

そこでよい方法があります。地金を業者に寄託するのです。保護預かりの場合と違って、業者は寄託された地金をリースに出すことができますから、寄託料を払ってくれます。住友金属鉱山の場合は、1kg以上の地金を寄託すると0・5%の寄託料をもらえます。寄託料は定期預金金利よりも高いのです。

■不動産投資信託は玉石混交、事前チェックを

不動産投資信託（REIT＝リート）が急成長しています。2銘柄でスタートした日本の不動産投資信託は、2007年2月末には41銘柄となり、時価総額は5兆円に達しています。

不動産投資信託がこのように急成長しているのは、不動産保有のリスクを避け手元現金を拡充したいと考える企業側のニーズと、高利回りで安定した金融商品が欲しいと考える投資家側のニーズが、うまくマッチしているからです。

不動産投資信託というのは、投資家から集めた資金をオフィスビルや商業施設、賃貸マンションなどに投資し、家賃収入や売却益を配当として投資家に配分する投資法人です。投資家は、この投資法人にお金を出すことで、間接的な不動産投資ができるのです。アメリカでは1960年代から行われてきた投資方法ですが、日本では2001年の投資信託法改正で不動産が投資信託の対象に加えられたことから始まりました。

不動産投資信託の投資法人は、投資証券（投資口）を発行し、投資家は株を買うようにこの投資証券を購入します。投資証券は一定の条件を満たせば証券取引所に上場すること

が可能で、上場後は株式と同じように売買できます。つまり、一つひとつの不動産投資信託が、不動産賃貸業を営む企業のようになっているのです。一般の企業といちばん違うのは、不動産投資信託は配当可能利益の90％以上を投資家に配当しなければならないということです。可能な限り投資家にたくさん配当することを目的に作られた不動産賃貸会社が、不動産投資信託なのです。

銀行預金の金利が1％に届かないのに、不動産投資信託は2％から6％の利回りがあります。しかも今後、地価が上昇すれば、投資証券が値上がりし、キャピタルゲインも期待できます。

もちろん不動産投資信託にはリスクがあります。それは直接不動産に投資するよりも、はるかに大きなリスクです。

たとえば、1億円のビルを自分自身のお金で買って、毎年600万円の家賃収入が入ってきたと仮定しましょう。利回りは6％です。ところが、なんらかの事情、たとえばビルが古くなったとか、その地域の人気がなくなったなどの理由で、家賃が半額に下がってしまったとします。そのときは家賃収入が300万円になりますから、利回りは半分の3％

となります。

ところが不動産投資信託の場合は、利回りの決まり方が異なります。投資信託を運営する会社のコストがかかるからです。たとえば、実際には6％の利回りがあっても、2％分の管理コストがかかると、投資家に渡る利回りは4％ということになります。

それでは、家賃が半分になってしまったときに、この不動産投資信託の利回りはどうなるでしょうか。不動産の利回り3％から管理コストの2％を差し引いた1％に激減してしまうのです。

さらに、投資法人は投資家から集めたお金だけでなく、多くの場合、借金をして不動産投資をしています。そうすると、借金の金利が上がった場合もコストがかさみますから、利回りが下がります。利回りが下がれば、当然投資証券の価格も下落します。借金をたくさんしているほど、リスクは大きいのです。

加えて、最近は不動産投資信託の中身が玉石混交になっています。都心の好条件のビルだけでなく、あまり資産価値のなさそうな地方のビルを組み入れているものもあります。どんなビルを組み入れているのかは、それぞれの投資法人のホームページでわかりますので、投資する前に十分チェックをしておく必要があります。そのときに、どれだけ借金を抱えているのかも、チェックすべきでしょう。

ただ、不動産投資信託の人気があまりに高くなりすぎて、東京証券取引所に上場する不動産投資信託の平均価格を示す東証REIT指数は、2007年7月3日に2352まで上昇しました。その結果、優良なファンドの利回りは1%台にまで落ち込んでしまったのです。

ところが、サブプライムローンのこげつき問題に巻き込まれる形で、不動産投資信託の価格が急落しました。東証REIT指数は、8月17日には1801まで下がりました。その結果、利回りが2%以上に回復したのです。

これは大きなチャンスと考えることもできます。現在の利回りでは十分でないとお考えかもしれません。しかし、三鬼商事によると、7月末時点で、東京都心5区の大型オフィスビルの空室率は2・80%と、5月末の2・87%から低下しています。こうしたタイトな需給のなかで、現在も都心の家賃は上昇傾向にありますし、今後はさらに上昇していくとみられます。家賃改定には時間がかかるため、今後もよい不動産投資信託の利回りはゆるやかに上昇していく可能性が十分あると思います。

■マイホームは定年後を豊かにする

サラリーマンが家を買うべきか、借りるべきかという話は、永遠に終わらない論争になっています。しかし、定年を間近に控える50代になったら、私は家を持っておいたほうがよいと思います。その最大の理由は、定年後の生活を豊かにするためです。年金生活をしている高齢者の暮らしぶりを調べると、家を持っている人のほうがずっと豊かな暮らしができています。

それは当然です。今の厚生年金のモデル支給額は月額23万円。ここから家賃10万円を差し引くと13万円、一方、持ち家で家賃がなければ23万円が丸々使えます。

「家を買わないで貯金をして、それを取り崩せば同じではないか」と思われるかもしれません。しかし、問題は生き残るリスクがあるということです。たとえば55歳まで生きた人については、平均で男性は81歳、女性は87歳まで生き残ります。ところが、それはあくまでも平均の話です。たとえば、100歳まで生き残る確率がどれだけあるかを計算すると、男性は1・4％、女性の場合は6・4％もあるのです。いくら貯金があっても100歳まで生きていたら、貯金を食いつぶしてしまいます。

家を買っておくべき理由はまだあります。高齢層になると、家を借りにくくなるのです。大家さんとしては、葬式を自分のアパートから出したくないという意識が働いているのかもしれません。

一方、経済環境との関係でも家の購入は今が有利です。一つは、デフレで値下がりし続けてきた不動産価格に転機が訪れているということです。国土交通省が発表した2007年1月1日現在の地価公示によると、全国平均の地価上昇率は、住宅地がプラス0・1％、商業地がプラス2・3％と、それぞれ16年ぶりの上昇となりました。とくに3大都市圏の地価上昇は激しく、住宅地が2006年のマイナス1・2％からプラス2・8％へ、商業地はプラス1・0％から8・9％へと、上昇率が大幅に加速したのです。上昇率は都心部ほど大きく、東京の南青山の住宅地は45・5％も値上がりしました。この土地は2006年も28・8％上昇していて、都心部の急騰は「バブル的状況」という見方をする人も出てきています。

ただ、私は不動産価格の上昇は、まだ続くと考えています。ようやくデフレ脱却の気配が見えてきたからです。デフレのときには、地価は本来の水準よりもずっと安くなります。デフレで地価が下がり続けますから、本来の値段では売れず、将来の値下がり分を織り込んだ水準になってしまうのです。

ところが、国民の間にデフレ脱却の期待が広がると、将来の値下がり分を地価に織り込む必要がなくなるため、本来の価格に向けて急速に値上がりしていくのです。そのことは、すでに株価では起こっています。2005年の株価は1年間で40%も上昇しました。もちろん景気回復が影響しているのは事実ですが、株価が急激に上がった理由の大部分は、デフレ脱却が目前に迫り、株式の値下がりリスクが小さくなったからなのです。

資産価格は、まず株価が上がって、そのあとを地価が追いかけるという順序になります。バブル経済が到来したときも、株価が急上昇を始めたのは1986年、地価が急上昇したのは87年でした。

もちろん、バブル発生のときとまったく同じことが起きるわけではありません。いちばんの違いは、今回の景気回復が「勝ち組」景気だということです。庶民の生活は一向によくならず、お金持ちに所得が集中しているのですから、地価上昇もお金持ちが欲しがる一等地が中心になると思われます。ですから、終《つい》の棲家《すみか》を農村に求める人はあせる必要がありません。ただ、都心の物件を買おうとする人は、早めに手当てをしたほうがよいでしょう。値段だけの問題ではなく、不良債権処理の一段落で、都心の不動産供給が細ってきて、よい物件を買えるチャンスが今後少なくなるとみられるからです。

また、住宅購入にローンを使う予定のある人も急ぐ必要があります。それは、日銀が短期金利を引き上げる姿勢を崩していないからです。日銀の利上げで、住宅ローン金利が上がれば、都心の物件は遠のいてしまうでしょう。

■50代からの資産運用のコツ

10年近くも続いたデフレ経済のなかで、私たちはすっかりデフレになじんで、危機感を失ってしまいました。ところが、インフレ経済への転換は、私たちの生活に厳しい変化を突きつけるのです。

デフレのときには、物価が下がっていきますから、現金で持っていても、資産価値は高まっていきます。ところがインフレの場合は、そうはいきません。１９６０年から80年のインフレ時代に、20年間現金を持っていた人は当然資産が1倍にしかなりませんでしたが、預金した人は4倍、株式に投資した人は16倍になっています。しかも、石油危機のときに明らかになったように、預金金利は物価上昇に追いつかない可能性が高いのです。

したがって、老後の生活を安定させるためには、資産を株式などリスクのある商品に振り向ける必要がでてきます。問題は、具体的にどこの株を買えばよいのかということですが、長期の未来を予測することは不可能です。結局、分散投資をしてリスクを減らすしかありません。できるだけ幅広い業種の株を買っていくべきでしょう。

ただし、注意しなければならないことは、少なくとも当面は長期国債などの長期債券と米ドル建て商品を買ってはいけないということです。長期債券は金利が上昇すると自動的に値段が下がります。これから金利は上昇する可能性はあっても、下がる可能性はほとんどないのですから、長期債券は値下がりが必至なのです。また、アメリカは日本円に直すと年間１００兆円もの経常収支赤字を出しています。そんな借金大国の為替が維持できるはずがありません。米ドルは暴落のリスクをはらんでいるのです。

平凡な答えですが、当面の生活に必要な現預金を手元に確保したうえで、国内株を中心に分散投資をするというのが、一番手堅い資産運用の方法だと思います。

■退職金の使い道

２００７年からいよいよ団塊の世代の定年退職が始まりました。団塊の世代の受け取る退職金は80兆円とも言われます。国家予算とほぼ同じ、ＧＤＰの６分の１にものぼる巨額のお金が動くわけですから、住宅メーカー、不動産会社、自動車メーカー、旅行会社、教育機関、金融機関など、さまざまな業者がみずからのビジネスに結びつけようと、この退職金を虎視眈々と狙っています。

退職金は、サラリーマンにとって、まとまった資金を獲得できる唯一のチャンスで、まさに虎の子ですから、どう使うのかは真剣に考えなくてはいけません。

私は、まず使うということから検討を始めるべきだと思います。なぜかと言うと、お金というのは、まとまっているということ自体に価値があるからです。普通のサラリーマンがまとまった借金をできるのは、住宅を取得するときだけです。それ以外の目的では、銀行はなかなか資金を貸してくれません。ましてや、定年後は借金そのものが難しくなります。そうなると、まとまった資金が必要なことを始めようと思ったら、退職金を手に入れたときに限られてしまうのです。

私が携わった高齢者生活の調査の経験では、いつまでも元気で生き生きと老後を過ごしている高齢者の特徴は、自分の活躍できる場、あるいは自分を必要としてくれる場を持っていることです。会社で培った人間関係は驚くほど早く消え去ってしまいます。定年後には定年後の人間関係を築かないといけないのです。

定年後にどのような場を築くのかは、その人の人生観に依存します。自分でビジネスを立ち上げたい、田舎暮らしをしてみたい、ミニコミ誌をやりたい、大学に入り直したい、海外に留学したい……。お金のかからない生きがいであればよいのですが、たいていのことにはまとまった資金が必要になります。だから、まず定年後にやることの資金計画を作るべきなのです。

ただ、それでも残る資金や、老後の生きがい確保は十分できているという人は、やはり退職金を老後の生活水準を上げるために使ったほうがよいでしょう。その場合、退職金をどう運用するのかという問題がでてきます。

ある程度の退職金の額があるなら、預貯金、株式、債券、外貨に分散投資して、公的年金で生活費が不足するようになった場合に、少しずつそのときに有利なものを売っていくというのがいちばん効率がよいでしょう。

ただ、この方法には問題が二つあります。一つは、分散投資を行うためにはある程度の金融知識を身につけないといけないということ、もう一つは、自分がいつまで生き残るのかわからないので、どのようなペースで取り崩してよいのかわからないことです。

そこで、生命保険会社の終身年金を運用先に加えることが多いのですが、終身年金は生命保険会社の定める予定利率で運用されます。残念ながら、今の予定利率は1％台と、必ずしも高くありません。近い将来、日本経済がデフレから脱却して、高い利回りがつく可能性を考えると、必ずしも有利とは言えないのです。

そこで、最近急速に伸びているのが、変額年金と呼ばれるものです。これは個人年金と投資信託を組み合わせたような商品で、年金給付の額が確定していないのが特徴です。一般的には退職金などの比較的大きな掛け金を一括で払い込み、それを生命保険会社が投資信託で運用します。運用がうまくいけば年金が大きく増えますが、運用に失敗すれば少なくなってしまうのです。それでも将来の高利回りに対する期待は高く、２００３年３月末に31万件だった契約件数が、２００６年９月末には１９２万件に急増しています。私は余裕のない人に変額年金はおすすめしません。ただ、老後にある程度の余裕があり、高い利回りのためにリスクを取ってもよいと考える人にはよいと思います。さらに、最近は元本保証や最低支払い保証付きの変額年金も売り出されています。当然、そうした保証を付けると利回りは低くなるのですが、リスクを取れない人には、適していると言えるでしょう。

■退職金と税金

退職金の税金は非常に優遇されています。たとえば所得税の計算は、①退職金から退職所得控除を差し引き、②その金額の半分を、③他の所得とは分離して課税する、というものになっています。退職所得控除は勤続20年までは1年当たり40万円、それを超える分は1年当たり70万円です。たとえば勤続20年なら８００万円、40年なら２２００万円が退職金から所得控除されます。大部分のサラリーマンは、この退職所得控除を差し引くだけで、所得がゼロになってしまうので、退職金に課税されることはありません。ところが、さらに退職所得控除を差し引いたあとの金額を2分の1にして、分離課税にするのです。所得を2分の1と換算するということは、そもそも退職金の半分にはまったく税金がかからないのと同じですから、所得税の最高税率である40％が適用される巨額の退職金を手にしても、退職金には最高20％しか課税されないということになります。大企業の役員や高級官僚に有利な税制なのですが、ルールは庶民も同じなので、これを使わない手はありません。

退職直前に９００万円の課税所得（年収１５００万円程度）の人がいたとします。その人の所得税の限界税率は30％になります。功労金などを給与に上積みしてもらうと3割を所得税で持っていかれるのです。ところが、その分を退職金に上積みしてもらうと、勤続35年で元々の退職金が２５００万円だった場合、限界税率はわずか5％になります。つまり、退職金に10万円上積みしてもらっても、税金は5千円しか取られないのです。

税制といえば、私が以前勤めていた会社には、退職金を給与に上積みして前払いするか、退職時に一括して受け取るかの選択制度がありました。私は退職一時金で受け取ることの税制上の有利さをある後輩に強調しましたが、彼は前払いを選択しました。私が理由を聞くと「だって定年までこの会社があるとは限らないじゃないですか」と言いました。確かに若い人にとって退職金はリスクが大きすぎる報酬でしょう。会社がなくなれば一銭も支給されないからです。しかし、定年間近の人にとっては、とてつもない税制優遇を受けられる宝の山なのです。

第五章　定年後、楽しく生きるための知恵と工夫

モリタク流
トカイナカ生活
毎朝ラジオ番組に
出演中
なので平日は
都心のマンションで
お仕事
カタカタカタ
でも週末は郊外の
自宅に帰り
ガタン
ゴトン
ガタン
趣味の時間を
楽しんでます
わーい
ミニカー
本当に
幸せそうな
顔するね!!

■がんばらないことの大切さ

第三章でも述べましたが、市場原理が貫徹している自由業の報酬の決まり方を私は「100倍の法則」と呼んでいます。自由に報酬が決まる市場原理の世界では、一流と二流の間に100倍の報酬格差がつくからです。

たとえば、横尾忠則さんのイラストは数百万円ですが、二流のイラストレーターは数万円とれたらいいほう。プロ野球でも阪神タイガースの金本知憲外野手の年俸は5億5000万円ですが、ファーム（二軍）の選手は600万円程度。また、芸能人がテレビ番組に出るときのギャラも、一流タレントは1本300万円で、二流タレントは1本3万円にしかなりません。

しかも100倍というのは「時給」の格差にすぎないのです。実際には、二流タレントのスケジュール表はスカスカで、一流タレントのスケジュール表は予定がびっしりと書き込まれています。だから受け取る報酬の格差は、ときには1000倍にも達するのです。

そんなばかげた格差がサラリーマンにもつく時代がやってきます。日本の会社では、新入社員の年収は300万円程度、社長になっても10倍の3000万円程度にしかなりません。米国では、新入社員の年収は日本と同じ程度ですが、社長の年収は場合によっては数十億円にも達しているので、まさに1000倍の格差です。

また、市場原理でつく大きな格差は給料だけに限りません。規制金利の時代は、誰が、どれだけ、どこの銀行にお金を預けても、もらえる金利はいっしょ。金融が自由化された今でも、普通に銀行に預ければ、お金持ちでも一般庶民でも大きな金利格差はありません。ところが、実際の運用では大きな格差がついてしまうのです。

お金のない庶民は銀行に預金するしかないので、1年ものなら定期預金金利の0・35%（2007年9月現在）の利回りしか受け取れません。しかし10億円の現金を持っているお金持ちであれば、それで都心のビルを買うことで毎年1億円程度の家賃が期待できます。つまり、利回りは10％にもなるのです。しかも都心の地価は急上昇しているので、ビル自体の値上がり益まで取れてしまうのです。

こうした世の中では、強者はますます強くなり、弱者はどんどん弱くなっていく。つまり「勝ち組」と「負け組」に分かれていく。だからこそ、「これからは負け組に転落しないように、勝ち組めざしてがんばりましょう」という話が出てくるのです。

ここで、人生のコースは三つに分かれます。一つめは「勝ち組になろうと思って勝ち組になる」、二つめは「最初からあきらめて負け組になる」、そして三つめが「勝ち組をめざしながら負け組になる」、という三つのコースです。

そうしたなかで、いちばんみじめな生き方は三つめの生き方でしょう。勝ち組になろうと思って一生懸命働くのだけれど思ったとおりにならず、定年を迎えたときに残っているのは、ボロボロになった心と体だけ。実は今、日本でいちばん多いのが、このワナにはまった人たちではないでしょうか。

世界的なベストセラー『金持ち父さん貧乏父さん』の著者であるロバート・キヨサキ氏は、このワナのことを「ラット・レース」と呼びました。ネズミのレースのように、小さなトラックをぐるぐると必死に走り回るのだけれど、結局どこに行けるわけでもない。そんなラット・レースに幸せがあるはずがない。

ラット・レースが不幸だとしたら、あとは勝ち組になるか、最初からあきらめて負け組になるかのどちらか。ロバート・キヨサキ氏はそのどちらの生活も体験して、両方とも楽しかったと言います。

「負け組が幸せ」という表現に違和感があるかもしれませんが、それは負け組という言葉が悪いから。負け組は本当に負けているわけではないのです。キヨサキ氏はアリゾナでネイティブアメリカンといっしょに暮らしました。お金はないけれど、大自然に抱かれて、ゆったりと流れる時間と心の触れ合いを楽しむことができました。

一方、現在のキヨサキ氏は大金持ちで、ハワイで王様のような完全な勝ち組生活を送っています。キヨサキ氏は勝ち組と負け組の両方の生活を比べて、勝ち組の暮らしのほうがややよかったので、そちらの生活を選択したと言います。

確かに勝ち組の生活のほうがよいかもしれません。しかし、勝ち組に残れるのは、せいぜい全体の数パーセントです。ということは、勝ち組になるためにはし烈な競争を勝ち抜かなければならない、つまり仲間をけ落とさなければならないということです。

そして勝ち残ったとしても、幸せになれるとは限りません。お金は持てば持つほど失うのが怖くなるからです。私の知っている勝ち組の人たちは、おしなべて不安を抱え生きています。

ライバルに寝首をかかれるのではないか、自社の株価が下がってストックオプションが紙クズになるんじゃないか、製造物責任で消費者に訴えられるんじゃないか、株主代表訴訟で訴えられるんじゃないか……。あらゆる不安を抱えて、その不安を振り払うために24時間不眠不休で働くのです。

確かに勝ち組はプール付きの豪邸に住んでいるかもしれません。しかし、プールサイドでゆったりと本を読む暇などまったくないのです。

それと比べたら、最初から勝ち組になろうなどと思わなければ、年収300万円でも、人生はそれほどつらいものではありません。300万円あれば、人並みに食事もできるし、普通の服も着られる。家電製品も一とおりそろえることができる。統計で見ると年収300万円台の世帯でも、マイカーを持っている世帯は7割にも達しています。

何が違うのかと言えば、見栄の部分が違うだけです。勝ち組は高級スポーツカーに乗りますが、負け組は大衆車に乗る。勝ち組は高級スーツですが、負け組は紳士服の量販店で買う。勝ち組はシステムキッチンですが、負け組は流し台。それだけのことです。高級スポーツカーに乗らなくても、大衆車だって、キチンと走って、曲がれて、止まれる。最高速度だって、日本は時速100kmまでと決められているのだから、大衆車がスピードで劣る場面はほとんどないでしょう。

もちろん、高級品のほうがいいことはあります。ただ、それを手に入れるために自分のライフスタイルをめちゃくちゃにしてもいいとは、私にはとても思えません。

これからもサラリーマンの年収がズルズルと下がっていくことは十分ありえます。そのとき、昔の年収を取り戻そうとか、将来に向けてもっと増やそうとか、よけいな悪あがきはやめたほうがいいと思います。たとえ年収300万円にとどまったとしても、それは大陸ヨーロッパの標準年収と割り切るのです。そしてむしろ、大陸ヨーロッパ型のライフスタイルに転換することを考えたほうが、ずっと幸せになれるでしょう。

ただし、私は仕事の手を抜けと言っているのではありません。仕事はキチンとしないと、リストラされてしまいます。必要なことはキチンとやったうえで、意味のないサービス残業をやめたり、上司にこびるためにいっしょにゴルフや飲み会に参加するのをやめたり、お中元やお歳暮をやめたらどうかという提案なのです。

高い年収を取るために、自分の魂や健康を会社に売り渡す必要はありません。ただ、それを貫くのは、強い意志を持っていないと難しい。では、いかにして自分の雇用を守りながら、自分自身の自由な精神と体を守るのかを考えていけばよいのか。そこには、さまざまな技術や知識が必要となってくるのです。

■見栄を張らない暮らし

税金や社会保険料の負担増が続いていく、給料は増えない。そうした状況の中で手をこまねいていては、家計が破たんしてしまいます。私たちはどうしたらよいのでしょうか。すぐに思いつく対策は節税です。税金が増えるのなら、税金で取り返せばいい。そう思うでしょう。ところが残念ながら、サラリーマンにとって節税の手段というのは、ほとんど存在しません。サラリーマンで減税が受けられるのは、医療費が10万円以上かかったときの医療費控除、住宅を購入してローンを組んだときの住宅ローン控除など、ほんの少しのケースに限られます。家族を従業員に雇ったり、会社で生命保険料を負担したり、あるいは会社の経費で接待したりできる自営業者とは、節税の自由度が大きく違うのです。

実は特定支出控除と言って、サラリーマンでも経費の実額控除が認められる制度がありますす。ただし、経費として認められるのは通勤費、転居費、研修費、資格取得費、単身赴任の帰宅旅費だけで、しかも合計額が給与所得控除額（給与のみなし経費）を超える場合に、給与所得控除の代わりとしてだけ認められます。さらに領収書と明細書が必要なうえ、実際に業務に必要だという会社の証明も必要になります。あまりに条件が厳しいので、2006年にこの特定支出控除が認められたのは、全国でわずか13人しかいません。ジャンボ宝くじに当せんするより難しいのです。結局、サラリーマンの節税というのは、発泡酒よりも安い「第三のビール」を飲むことくらいですが、それもすでに増税されています。

それでは、家計破たんを防ぐためにはどうしたらよいのかと言えば、方法は一つです。家計の節約しかありません。「これ以上節約なんてできない」と思われる方も多いかもしれません。しかし、そんなことはありません。同じ収入でも、まったく貯蓄のない人から年収の10倍以上の貯蓄がある人までいます。その差はどこからくるのかと言えば、どこまで節約ができているか、なのです。

節約ができれば、いざというときに使えるお金が大きく違ってきます。そして、その貯蓄をつくるのはふだんの積み重ねなのです。

たとえば、あなたは毎日ムダ遣いをしていませんか？　ジュースやお菓子、ちょっとした小物など、どうしても必要なわけではないものを、ほとんどの人が毎日買っています。たとえば、1日1000円のムダ遣いをしているとすれば、年間で36万5000円、30年間続ければ1095万円にもなります。しかも、これは無利子の場合です。仮に年利3％で運用できたら、30年間の積立額は1737万円。年利7％なら3448万円です。そう、マンションが買えてしまうくらいのお金が貯まるのです。昔から「チリも積もれば山となる」と言いますが、まさにそのとおりなのです。

問題はムダ遣いのやめ方です。お金の貯まる人と貯まらない人の差は、生活に使ったあとに余ったお金を貯金するか、最初に貯金してから生活をするのかという点です。もし余ったら貯金をしようと考えていたら、節約などできません。まず、給料の中から貯金をしてしまって、残ったお金で生活するようにするのです。私は毎月1万円ですが、積立定期預金をしています。とくに金利が高いというわけではないのですが、長い期間やっていて、絶対に引き出さないことにしているので数百万円貯まっています。

手元にお金がなければ、人間、工夫するようになるのです。たとえば、私はジュースやコーラが大好きなのですが、のどが渇いたときに氷を入れた冷たい水を飲んでも、それでけっこう満足できてしまうのです。コーヒーショップでコーヒーを買わなくても、会社に行ってから、会社のコーヒーをタダで飲める人も多いのではないでしょうか。

ちょっとした距離は電車に乗らずに歩いてみる、減量のためにジムに通うくらいだったら最初から食べない、できるだけ安い店を利用するなど、ふだんの生活コストを引き下げる方法は無数にあります。ただ、そうしたことを続けるのは、口で言うほど簡単ではありません。最初はヤル気になっても、いつのまにかタガが緩んでしまい、もとの生活に戻ってしまうからです。

そこで、もっと効率のよい、確実な方法があります。それは固定費の削減です。固定費の場合、最初に削減するときには多少手間がかかるのですが、一度削減してしまえば苦労なしにずっと節約を続けられます。主だった固定費は、家賃や住宅ローン、生命保険料、教育費などです。

そこで、以下では固定費の削減策を考えていきたいと思います。まずは、最も家計負担の大きい住宅費を考えていきましょう。

■住宅費の節約

住宅費の節約については、当然、賃貸の人と持ち家の人ではやり方が異なります。まず、賃貸の人は、家賃を下げるのに三つの方法があります。一つは、公的住宅を活用する方法です。最もポピュラーなのは都市再生機構（旧住宅公団）の賃貸住宅でしょう。家賃が民間に比べると1〜2割安いことが多いうえに、敷金を3カ月分だけ支払えば、あとは礼金、更新料、保証人が不要という利点があります。また、各都道府県の住宅供給公社が運営している賃貸住宅も、都市機構の住宅と同様に割安な物件が多くなっています。さらに、都道府県や市町村が直接運営する県営住宅や市営住宅には、家賃が2万円から3万円という格安物件がたくさんあります。自治体直営の住宅には厳しい収入制限があるケースがほとんどなのですが、逆に言えば、給料がダウンしたら、まっさきにこうした住宅が利用できないかチェックすべきでしょう。また、公営住宅は数十倍の申し込みがあって、抽選に当たらないと入居できないケースが多いのですが、申し込みを続ける手間を惜しんではいけません。

家賃負担を下げる第2の方法は郊外に住むことです。同じ間取りでも、都心と郊外では家賃が2倍以上違うケースも多いからです。もちろん、郊外に住めば通勤時間は長くなりますが、始発駅を利用すれば座って通勤できます。本を読んだり、ラジオを聞いたり、通勤時間を楽しむ工夫をすれば、意外に通勤時間の長さは気にならないものです。ちなみに私は20年間にわたって片道1時間半の通勤を続けていますが、一人になれる時間というのはなかなか貴重なものです。また、郊外に住むと家賃が下がるだけでなく、物価も安いというメリットもあります。

家賃を下げる第3の方法はハウスシェアリングです。同じ部屋を二人で使えば、家賃は半分になります。最近では、都市再生機構も正式にハウスシェアリングを認め、同じ部屋を二人の名義で借りられる賃貸住宅を募集しています。

一方、すでに住宅を購入している人が住宅費負担を減らすいちばんの方法は、ローンの借り換えです。大ざっぱに言って、現在借りているローンより1％以上金利が低く、残高が１０００万円以上あれば、借り換えのメリットがあると言われています。今は銀行間の住宅ローン獲得競争が激しいので、リスクの高い変動金利ローンでなく、長期固定金利のローンを銀行が低金利で提供している場合があるので、各銀行のローン条件をチェックしてみるべき。住宅ローンの金利は、店頭表示のもので変わらないと信じている人が多いのですが、交渉次第で下げてもらえることもあるので〝ダメモト〟で聞いてみましょう。また、借り換えが難しい場合でも、繰り上げ返済をすれば金利負担は減少します。ただ、繰り上げ返済でローンの期間を短縮しすぎて、ローン期間が10年を切ってしまうと、住宅減税を受けられなくなるので注意が必要です。

■生命保険料の節約

住宅に次いで大きな負担となっている家計費は生命保険です。サラリーマンが生涯に負担する生命保険料は2000万円から3000万円にも達すると言われます。生命保険は住宅に次いで、人生2番目に大きな買い物なのです。ところが、それだけ大きな買い物であるのに、自分が契約している生命保険の契約内容を正確に把握している人は、意外に少ないのです。セールスレディにすすめられるまま、保険契約の内容もろくに確認せず、加入してしまう人が多いのです。そこでまず、生命保険がどのようなしくみになっているのかを確認しておきましょう。

生命保険は、①定期保険、②終身保険、③養老保険、の3種類があります。定期保険は掛け捨て保険とも呼ばれ、契約期間中に死亡すると保険金が支払われます。終身保険は生涯にわたって死亡保障が続きます。養老保険は死亡保障もありますが、満期まで生き残ると、満期時に満期保険金が支払われます。死亡保険金と満期保険金は同額なので、貯蓄目的で加入する人も多くなっています。

定期保険は掛け捨てですから、期間1年の定期保険を必要な額だけ掛けていくというのは、節約のための一つの考え方です。ただし、定期保険の保険料は年齢が高くなるほど上がっていくので、中高年になってからの負担が多くなりますので注意が必要です。

一方、終身保険は一定の保険料で生涯保障が続くメリットがあるのですが、定期保険と比べると、保険料がかなり割高になっています。私は、まだ生命保険に加入していない人は、「とりあえず短期の保険でつないでおいて、あとで終身保険などの長期の保険に切り替える」のがよいと思います。

私たちが支払った生命保険料は、生命保険会社の経費として使われる分を控除して、運用に回されます。生命保険会社は、契約の時点で、どのくらいの利回りで運用するのかを契約者に保証します。この利率のことを「予定利率」と呼んでいます。予定利率は原則として加入の時点の利率が最後まで適用されます。

大手生命保険の場合、予定利率は1985年4月から90年3月までが6・0%、90年4月から93年3月までが5・5%、93年4月から94年3月までが4・75%、94年4月から96年3月までが3・75%、96年4月から99年3月までが2・75%、99年4月から2・0%となっています。現在の予定利率は会社によって異なりますが、1・2%から1・5%程度です。現在の予定利率がいかに低いかがおわかりになるでしょう。今、生命保険に加入するということは、この低い予定利率が生涯続くことを意味するのです。

今後、日本経済がデフレを脱却し、長期金利が上昇していけば、予定利率も上がります。ですから、とりあえず短期の生命保険でつないでおいて、予定利率が2%を超えるようになってから、長期の保険に加入すればよいのです。

すでに生命保険に加入している人の場合は、最大の節約術は生命保険の保険金額を見直すことです。実は、保険を掛けすぎているサラリーマンは意外に多いのです。

たとえば、35歳の専業主婦の妻と子どもが二人いる35歳男性のケースで考えてみましょう。突然夫が死亡したとき、残された家族の生活を守るために、いくら必要でしょうか。月々の生活費が30万円として、妻が65歳になるまでの生活費は、「30万円×12カ月×30年」で、1億8００万円になります。単純に考えると、それだけの生命保険が必要と考えがちですが、そんなには必要ありません。公的年金に生命保険の機能があるからです。国民年金や厚生年金の加入者で子どもがいる場合、子どもが18歳になるまで妻には「遺族基礎年金」が支給されます。遺族基礎年金は年額79万２１００円で、子ども一人について22万７９００円加算されますから、このケースでは年間１２４万７９００円支給されます。さらに、厚生年金の場合は、報酬比例部分の４分の３が「遺族厚生年金」として支給されます。支給額は給与の水準によって異なるのですが、標準モデルで計算すると年額76万円になります。本当は子どもが18歳になったときに、遺族基礎年金がなくなって中高齢寡婦加算に切り替わるといった、細かい問題があるのですが、ここでは説明を省略します。

　この遺族基礎年金と遺族厚生年金を合わせた年間の支給額は２００万円に達します。つまり遺族年金を考慮すると、残された家族の生活費が年間３６０万円としても、不足額は年間１６０万円になります。30年分の不足額は４８００万円です。これを生命保険でまかなえばよいのです。

もう一つ大切なことは、年齢が高まるごとに必要となる保障額が減っていくということです。残された家族を守らなければならない期間が、毎年減っていくからです。夫が35歳のときの必要保障額が4800万円でも、45歳になれば3200万円、55歳であれば1600万円でよいことになります。

ですから、年齢が高まるほどに保険金額が下がっていく逓減型の生命保険に最初から加入すればよいのですが、そうした保険は最近登場したばかりですので、まだ一般的になっていません。ですから、まず自分が本当に必要とする生命保険の保障額を計算して、もし掛けすぎているようだったら、保険金額を減額しましょう。

ただし、1990年代前半までに終身保険や長期の定期保険に加入している人は、高い予定利率を適用されているので解約はソンです。その場合は、今の保険契約の保険金額を見直してもらいましょう。また「払い済み」するというウラ技もあります。これは、保険料の支払いを停止して、それまでに支払った保険料をもとに保障を続けてもらうというものです。これだと予定利率はそのまま維持されます。保障額は大幅に減りますが、保険料の支払いがなくなるので大幅な家計の節約になるのです。

■教育費の節約

第2章でも述べましたが、生命保険の次に大きなお金がかかるのは教育費です。２００５年４月、ＡＩＵ保険会社が「現代子育て経済考２００５年版」を発表しました。子ども一人が誕生してから大学を卒業するまでの22年間にかかる概算費用を算出したものですが、その結果によると、基本養育費（食費・衣料費・小遣いなど）１６４０万円、学校教育費（学費、けいこごとなど）が１３４５万〜４４２４万円となっています。基本養育費と学校教育費を合算した総費用は、最もお金のかからないすべて公立校に進学した場合でも２９８５万円、最もお金のかかる私立医歯系に進学した場合には６０６２万円もかかることになります。

ただ、そんなコストを大学進学にかける必要があるのかを、これからは慎重に考えなくてはいけません。18歳人口の減少によって、２００９年には大学の入学志願者数と入学者数が同数になる「大学全入」時代がやってきます。誰でも入れる時代には、大学を出ていること自体は意味を失います。

もちろん有名大学の人気学部への入学競争は続きますし、意味のある「学歴」は、そうした一流大学だけに限られるようになります。子どもの能力が高い場合には、親としてそうした学校への進学を支援することも意味がありますが、そうでない場合にムリをするのは考えものです。教育費は〝ムリ〟に比例してかかりますし、そもそも才能のない子どもに塾通いさせたり家庭教師をつけてびっしりと詰め込み教育をするのは、子ども自身のためにならないからです。

「そんなことを言ったって、塾通いをさせなければ、小・中学校の段階で落ちこぼれてしまうではないか」と思われる方も多いでしょう。確かに、公立学校で十分な教育体制が整っていないところはたくさんあります。そうした場合には、可能な限り親がみずから教えましょう。小・中学校の段階なら、教科書を読み直せば親でもわかるし、なにより社会で必要な勉強は親の頭にも残っているはずなので、本当に必要なことを教えればよいのです。

■電話代の節約

人によってバラツキが大きいのですが、電話代は意外に大きな固定費になっています。

まず、固定電話について考えましょう。ＮＴＴの固定電話の基本料金は月額１７８５円（２００７年９月現在）ですが、毎月のことだからばかになりません。昔はこの基本料金を節約することなど考えられなかったのですが、今は通信事業が自由化されていますから、基本料金分もＮＴＴ以外の会社に乗り換えることができます。ちなみにＫＤＤＩは１４７０円、ソフトバンクテレコムは１５７５円です。

また、ケーブルテレビやマンション内のＬＡＮで、ブロードバンド環境が整備されている人は、思いきって固定電話契約をＩＰ電話１本に絞ってしまうという方法もあります。

ＩＰ電話というのは、インターネット回線を通じて音声データをやりとりするもので、「０５０」の市外局番が与えられています。同じ会社のＩＰ電話どうしなら、何時間かけても通話料金は無料で、ほかの固定電話にかけても３分間８円程度の全国一律料金になっています。

サーバーが停止したり、停電すると使えなくなってしまうので、普通はバックアップ用に通常の固定電話も併用するのですが、私の個人事務所はＬＡＮの使用料が管理費に含まれているので、固定電話は契約せずにＩＰ電話だけにしています。ＩＰ電話の基本料は毎月３９９円ですから圧倒的に安いし、音質も普通の固定電話とほぼ変わりません。ＩＰ電話で受け取るＦＡＸは品質が保証できないと説明書には書いてありますが、ごくまれに画像が乱れることがあるくらいで、通常はまったく問題がありません。

また、固定電話から携帯電話にかけるときには、電話番号の前に「００３３」をつけてから回すと、それだけで通話料金が3割から7割も安くなります。これは事前の契約や登録も要りません。最近の電話機は機能が進化しているので、電話機のほうに設定をしておけば、自動的に「００３３」をつけてダイヤルしてくれます。そうした機能がなくても、短縮ダイヤルの設定のときに、電話番号の前に「００３３」をつけて登録しておけばよいのです。

一方、携帯電話の利用料金も、やり方次第で相当の節約が可能です。まず、利用する携帯電話会社を変えなくても、自分の使用パターンと料金プランが合っているのかを、チェックすることから始めましょう。携帯電話各社とも、大ざっぱに言うと、料金プランは基本料金が高いほど、通話料の単価が安くなる設定になっています。ですから、たくさん電話をかける人は高い基本料を払っておいたほうが結果的に総額が安くなります。また、メールやサイトの閲覧の多い人は、パケット料金の定額制やパック料金を払ったほうが有利になります。自分に適したプランがどのようなものかは、携帯電話会社のホームページでシミュレーションができたりもするのですが、面倒だったら直接サービスセンターに行って相談すれば、どのプランが有利か教えてくれます。

一方、携帯電話会社間の比較は、料金体系そのものが違うので難しいのですが、ナンバーポータビリティ制度（電話番号の持ち運び制）の導入以降、各社が料金引き下げを競っているので、じっくりと比較研究すべきでしょう。すでに、携帯電話会社間の顧客獲得競争はヒートアップしていますが、その背景には利用者が料金に敏感になっているということがあります。

電気通信事業者協会が発表した２００７年７月の携帯電話契約数によると、新規契約から解約を差し引いた純増数で、ソフトバンクモバイルが22万４８００件と３カ月連続で首位に立ちました。２位はａｕのＫＤＤＩで19万１２００件、３位は８万１４００件のＮＴＴドコモでした。

ソフトバンクが首位となった最大の理由は料金です。ソフトバンクモバイルどうしの通話なら、午後9時から翌午前1時までを除いて通話料が無料となる「ホワイトプラン」や家族間なら24時間通話が無料となる「ホワイト家族24」など、新たに導入した割安プランが人気を集めたのです。NTTドコモやKDDIは携帯電話機の機能強化で対抗してきましたが、消費者が望んでいたのは、やはり安い料金だったということになります。

ソフトバンクのホワイトプランは基本料金が月額980円で、ソフトバンク以外の携帯にかけた場合は、30秒で21円の通話料がかかります。午前1時から午後9時までの間にソフトバンクの携帯にだけ電話すれば、料金は基本料だけですから、圧倒的に安くなっています。ただし、たとえば月に60分間の他社携帯への通話があると、通話料が2520円かかりますから、合計の料金は3500円ということになります。それでも、かなり安いことには変わりありません。

そこで、ライバル会社もソフトバンク対抗料金を打ち出してきました。

まずNTTドコモは2007年8月22日から「ひとりでも割★50」という割引制度を始めました。これは2年間の継続契約を約束すれば、いきなり基本料金が50%引きになり、しかも無料通話分はそのままというお得なサービスです。たとえば「タイプM」の契約だと、基本料金が３４６５円になるうえに、４２００円分の無料通話がつきます。通話料は30秒当たり14・7円ですから１４２分間無料で通話ができるわけです。

一方、ＫＤＤＩは２００７年９月１日から「誰でも割」を始めました。この料金体系はＮＴＴドコモの新割引プランとほとんど同じ内容です。２年間の継続使用を条件に、たとえば「プランＭ」の場合は基本料が３４６５円になる。また、４２５２円分、最大１４４分の無料通話が使えることになります。

ＮＴＴドコモとＫＤＤＩは、自社携帯に電話しても通話料がかかるのでソフトバンクと一概に比較することはできませんが、各社の新しい料金プランの下では、普通の人は月間３５００円前後で携帯電話を使えるようになるのです。つまり、料金に大きな差はなくなったということになります。

ただし、たとえば特定の人との通話が非常に多くて、相手と携帯電話会社をそろえることが可能な人の場合は、通話が無料になるソフトバンクモバイルが圧倒的に有利です。ただ、他社携帯への通話が多い場合には、ａｕやドコモが有利になることが多いでしょう。

また、自分の生活領域で電波がつながりやすい電話会社とつながりにくい電話会社があるのも事実です。結局のところかなり面倒ですが、自分のライフスタイルを前提に、どこの会社がベストなのかをきちんと計算して確かめるべきでしょう。なにしろ2年間はペナルティなしでは変えられないのですから……。

■自動車関係費の節約

自家用車は、一度持つとなかなか手放せなくなってしまいます。とくに郊外に住んでいる人は、買い物や外食、通院など、生活のあらゆる場面に自動車が必要になります。

しかし、自家用車の保有には意外に多くのコストがかかります。車両代のほかに、駐車場代、高速道路代、ガソリン代、エンジンオイル代、保険料、車検代などです。総務省の「家計調査」によると、1カ月平均の自動車関係費は1万7140円と家計支出全体の7%を占めていますから、自動車が家計の大きな負担になっているのは間違いありません。

私は、最も効果的なコスト削減の方法は、いちばん売れている車種のいちばん売れている色のクルマに乗ることだと思っています。わが家はずっとカローラに乗っています。車両価格は140万円台からと安いですし、燃費も「10・15モード」で、1ℓ当たり18kmも走ります。故障や修理のときにも、オートバックスなどに行けば、純正でない格安パーツがそろっていますし、バーゲンにもなりやすい。売れ筋商品はなにかとおトクなのです。

これがマニアックなクルマになると、なにをするにもお金がかかります。燃費は悪いし、タイヤも太いから値段が高い。なかにはハイオクガソリンでないと走らないなどというクルマさえあります。クルマはきちんと走って、曲がれて、止まれればよいのです。私は、ずっとカローラに乗っていて、なにか不便を感じたことは一度もありません。

さらに、売れ筋大衆車には思わぬメリットがあります。わが家のカローラは、横から別のクルマに突っ込まれてしまい、ドア1枚が完全につぶれてしまったことがあります。普通の修理方法だと、塗装していないドアを部品センターから取り寄せ、それをボディのほかの部分の色と合わせて調合した塗料で塗装します。しかし、完全に色を合わせることは、なかなか難しいのです。

ところが売れ筋大衆車であれば、わざわざ新品のドア部品を買う必要がありません。事故などで廃車になった同色の同型車がすぐに見つかるからです。そこからドアをはがしてきて組み付ければ、短期間、低コストで修理が完了します。しかも、ほかのドアと釣り合うように、ちょうどよい具合に色落ちしていたりするのです。修理するより、よほどきれいに修理が完了する。そのために、最も売れている色がよいのです。

一方、自動車関係で車両代と並んで最も重要なのがガソリン代の節約です。石油情報センターが発表した2007年8月6日時点のレギュラーガソリンの小売価格が、前週比3・8円高の145・1円に上昇して、1987年の調査開始以来の最高値を更新しました。ここまで高くなると、生活防衛のために本気でガソリン代節約を考えざるをえません。

すぐにできることは、石油会社が発行しているクレジットカードに入会することです。そのクレジットカードを使って給油するだけで、ガソリン価格が下がるからです。ただし、年会費のかかるカードについては、ある程度頻繁に使わないと年会費の回収ができないので、とりあえず年会費無料のカードに入会するのが無難でしょう。年会費無料のカードには、「出光カードまいどプラス」「JOMOカードライト」などがあり、この二つはカードを使って給油するだけで、1ℓ当たり2円の割引が受けられます。

また、クルマの買い替えのときに、ハイブリッド車を購入して燃費を上げることも考えられます。ただし、ハイブリッド車を導入しても、必ず家計費の節約につながるとは限らないのです。車種によって異なりますが、大衆車の場合、ハイブリッド車の車両価格は、ガソリン車と比べて35万円程度高くなっています。したがって、ハイブリッド車が燃費を1ℓ当たり10ｋｍ改善したとしても、９万３７５０ｋｍ以上走らないと、モトが取れないのです。地球環境への貢献を別にすれば、自家用車をあまり頻繁に使わない人にとっては、ハイブリッド車はまだトータルコストを削減する方法にはなっていないのです。

コストを下げようと思ったら、なんといっても小型車にするのが基本です。しかも、よけいな装備の付いていない低グレード車のほうが総じて燃費はよくなっています。さらに、ある程度運転のうまい人は、オートマチックではなく、マニュアルシフトの車に乗ったほうが燃費を改善できます。

そして、運転のしかたを変えるだけでも燃費は大きく改善します。基本はスピードを出しすぎない、急ブレーキ・急発進を避ける、そして5秒以上停止するときは、エンジンを切ることです。これだけのことで燃費は2～3割、場合によってはそれ以上よくなるのです。

一方、そうした努力なしに燃費を改善するグッズやサービスもカー用品店で人気を集めています。

まず、ガソリン添加剤です。燃料タンクに添加剤を入れるだけで、10～20％の燃費が改善するとうたっている商品が多く、カー用品店での売り上げも好調のようです。また、電気ノイズを除去して燃費を向上させる機器も売られています。さらに燃焼室内部を洗浄して燃費を向上させるサービスもあります。最近では、燃費を5～6％改善する機能を持つタイヤも売り出されています。そうした高機能タイヤを装備しなくても、きちんと空気圧を保てば燃費は上がりますし、幅の狭いタイヤをはくことでも燃費は向上します。もちろん幅の狭いタイヤはグリップ力が落ちるので横滑りしやすくなります。ただ、無理な運転を避ければ、大きな問題はありません。

さらに究極のガソリン代節約術があります。それはディーゼル車への乗り換えです。ただ残念ながら、今は国産のディーゼル乗用車は発売されていません。二酸化窒素や煤塵《ばいじん》を出すというイメージがあって消費者に敬遠されているからです。本当は、今は技術開発が進んで、クリーンな排ガスのディーゼル車が登場しています。ディーゼルエンジンに使う軽油は、ガソリンより20円ほど安いうえに燃費もよいのです。さらにディーゼル車は低速のトルクが強いため運転も楽です。日産自動車は２００８年、ホンダも２００９年に、ディーゼル乗用車の国内市場投入を計画しています。ディーゼル車は欧州では、すでに省エネ車として定着していますし、日本でも燃費節約の切り札になっていくでしょう。

■電気代の節約

夏の甲子園の決勝戦が行われた２００７年8月22日、東京電力は大口供給先に対して電力の供給を一時的に抑える「需給調整措置」を17年ぶりに発動しました。新潟県中越沖地震の被災で柏崎刈羽原発が停止しているため、最大となった電力需要の発生に通常の供給態勢では対応できなくなったからです。

東京電力は当初、柏崎刈羽原発が停止しても、夏の電力供給に心配はないと言っていましたが、結局〝最後の切り札〟を切らざるをえなくなった原因は、予想以上の猛暑になったことで家庭用の電力需要が増えていて、その節電が思うように進まなかったためです。

需要が増えて電力供給量を超えると、最悪の場合、大停電につながってしまいますから、節電がとても大切なのですが、それだけでなく節電は家計の固定費削減にも直結します。

節電の方法はたくさんあります。東京電力が推奨しているものだけでも次のようなものがあるのです。

エアコンの設定温度を1度上げると10％の節電、カーテンを閉めたり、エアコンのフィルターを掃除すると5％の節電になります。白熱電球を電球型蛍光ランプに取り換えると75％の節電になりますし、冷蔵庫の上部や左右に空間をつくると25％の節電になります。洗濯機は表示容量の80％を目安に洗濯物をまとめ洗いすると、容量の50％で洗濯する場合よりも17％の節電になります。

このほかにも、こまめにスイッチを切ったり、待機電力を節約するために長期間電気製品を使わないときにはコンセントから抜くといった方法も効果があります。

さらに、こうした努力をしなくても構造的に電気代を減らせる方法があります。まず冷房ですが、エアコンはこの10年で性能が飛躍的に高まっていて、機種によっては同じ冷房効果で電気代が半額以下になっています。もし古いエアコンを使っているなら新機種に買い替えるだけで、年間2万円以上の節約になるケースもあります。そうした場合は、買い替え費用を回収してお釣りがきます。エアコンの消費電力をよくチェックして、買い替えがトクになるかどうかをすぐに調べるべきでしょう。

また、暖房をするときにもエアコンを使ったほうが、石油ファンヒーターなどよりコストが下がります。一般的にはコストが半分以下になるのです。もちろん部屋を急速に暖めるのには石油ファンヒーターのほうが効果的なので、最初だけファンヒーターを使うといった工夫も必要でしょう。

さらに、電気代についても、契約アンペアを下げることで基本料金が下がります。たとえば東京電力の場合、60A（アンペア）の契約だと1638円、30Aだと819円、10Aだと273円となっています。もし、使っている最大電流が契約アンペアを大幅に下回るようだったら、思いきって契約アンペアを下げてみましょう。ただし、あまり下げすぎるとブレーカーが頻繁に上がってしまうので十分注意してください。

■欧州の貴族を見習う

日々の節約を心がけているサラリーマンは多いはずです。かくいう私も、日常のランチは５００円以内ですますのを原則にしています。

日本にはもともと、「清貧」という言葉があるように、「ぜいたくは敵、質素こそ美」という概念がありました。物質に満たされることとイコール豊かさではなかったのです。かつて、１９６０年（昭和35年）の一人当たりの平均賃金は、物価の差を調整しても現在の５分の１にすぎませんでした。裕福ではなかったのです。ところが当時、日本の民は日々の生活に追われ、節約を強いられていたかというとそうではありません。周りを見渡せば自然や新鮮で安全な食べ物があり、近隣で助け合い心豊かに暮らしていました。つまり、物質的・金銭的に恵まれなくても、人は優雅に生きられるのです。

この考えは、欧州の没落貴族にも通じます。彼らはかつての栄華から転落し、金銭的には豊かではありません。しかし、自宅に仲間を呼んで質素ながらもパーティーを開き、知的でエレガントな会話を楽しんでいます。豪華なレストランを貸し切り、夜ごと供宴を繰り返す一部の日本のニューリッチ層とは大きな違いです。ですから、まず考えないといけないのは、節約して質素に生きるのが貧しいことではないということなのです。それを忘れてはいけません。

とはいえ、現代は物質世界。生活必需品からし好品など、数多くの誘惑があるのも事実。サイフのひもも緩みがちになります。そこで考えるべきことは、「見栄」のためにお金を使っているのかいないのかということです。

たとえば、見栄を張りたいがために、子どもにブランド物の服を着させてお出かけをする母親がいると聞きます。子どもはすぐに成長して、買った服もすぐに合わなくなるのにです。これは精神的な豊かさとは対極にあるのではないでしょうか。

まずは、見栄に使うお金を減らすことから始めれば、ストレスなく節約できるのではないでしょうか。また、これは節約の基本ですが、なにかを買うときには安くても良質なものを選べる眼を持つこと。うわべのブランド力や見た目に大金を出すのは無意味なことです。

ギスギスした生活をしなくても出費は抑えられる。それを忘れずに、優雅な節約生活を心がけましょう。

■B級コレクションのススメ

　私はシンクタンクの研究員時代、多くの高齢者の方々とお話をしました。そのなかで痛感したことは、定年後の幸福を決めるのは、お金よりも生涯を通じてやることを持っているかどうかだということでした。なんでも構いません。自分が生きがいを感じて、自分を必要としてくれる場を持つことが、幸せな定年後を迎えるために必要なのです。

　私は、たくさんやることを持っていますが、いちばん大きいのはB級グッズのコレクションです。ミニカー、グリコのおまけ、指人形、すごろく、コーラやお茶の空き缶、消費者金融のティッシュなど、今、私が集めているグッズは40種類以上にのぼります。たいした価値を持つものではありませんし、他人に自慢できるものでもありません。ただ、何に美しさを見いだし、それをどのように整理するのかというのはコレクターの感性の表現です。だから人からなんといわれようと、自分の感性に従って集める行為自体がとても楽しくてしかたがないのです。

　それだけではありません。私がB級グッズを集めていて、よかったなと思うのは、気の置けない仲間が増えたことです。自分のコレクションをインターネットで公開しているだけで、同じものを集めている人からメールが来ます。メールのやりとりをしているうちに、一度会いましょうということになり、会いに行くと、すぐに何十年来の親友のように仲よくなれます。

同じものに愛着を感じるということは、同じ感性を持ち合わせているからだということもありますが、お互いの悩みも共通しているからです。以前、ネットで知り合った空き缶コレクターに初めて会ったときも、すぐに仲よくなりました。そのきっかけは、世間が「燃えないゴミを集めて何をするの」と、缶コレクションにまったく無理解であることに二人とも大きな不満を持っていることでした。

■趣味で収入を得る

趣味を持つことは、定年後の生きがい確保につながるだけではありません。これからの世の中では、収入の確保にもつながります。プロとアマの境界があいまいになってきているからです。

今、私は全国を講演で飛び回っていますが、いつもデジタルカメラを持ち歩いています。

デジカメで空港や市役所、市電、祭り、海、川など、あらゆるものを写真に収めているのです。

もちろん半分は趣味ですが、残りの半分は定年後に向けてのまじめな投資です。

実は私は定年後に、雑誌社向けに写真素材をネットで販売しようと考えています。雑誌社は、原稿に添える画像を買うことがよくあります。実際に撮影に行こうとしても、天候の問題があったり、費用の問題があって、なかなかロケに行けないことがあるのです。

写真素材の販売を専門にしている会社では、あらゆる分野の写真をそろえ、1枚5000円以上で売っています。そうした会社の写真は、プロのカメラマンが撮っているので完ぺきなのですが、それほどの品質を必要としない場合も結構あります。そうしたニーズ向けに、思いきり安く、たとえば1枚500円で写真を提供したら、そこそこの需要はあると思うのです。

撮影した写真をサムネイルと呼ばれる小さな画像に仕立てて、それをインターネット上に並べて公開し、注文をメールで受け付けます。注文があったら、代金と引き換えに画像をメールの添付ファイルで送るだけの簡単なビジネスモデルです。

ただ、商売として成立させるためには、最低でも数万点の写真を蓄積して、アーカイブを作る必要があるので、とにかく数を増やそうと、今、撮り貯めているのです。

こうしたことを書くと、同じアイデアで先にビジネスを始められてしまうかもしれません。それでも構わないと思います。ただ、そのときは、私の写真もぜひそのビジネスの仲間に入れてほしいのです。

■振り込みで小銭稼ぎ

定年後を豊かに過ごすための一つの秘訣は、小銭を稼ぐことです。年金収入に、少し副収入が加わるだけで生活に潤いが生まれるからです。小銭を稼ぐ手段はいくつもありますが、なにもしないでお金が入ってくるのがいちばんでしょう。そんなことが実際に可能なのです。

イーバンク銀行は、月間に2回以上自分の口座に振り込みがあると、件数に応じてキャッシュバックが受けられる「ゴールドラッシュプログラム」を実施しています。キャッシュバックの金額は、月間振り込みが2～5件は1件当たり20円、6件以上は25円です。

「振り込みなんてほとんどないさ」と思われる方も、よく考えてみてください。給与の振り込みをイーバンクにすれば、あと1件なにかの振り込みを受けることでキャッシュバックを受けられるようになるのです。

ネットオークションで物を売ったときの代金振込口座に指定してもよいですし、アフィリエイトの受取口座にしてもよい。フリーランスの仕事をしている人は、売り上げを入金してもらえば、月に10件くらいはすぐに振り込みを集められるでしょう。

さらに、このプログラムでは自分からの振り込みも対象になります。現在、振込手数料を無料にしている銀行がいくつかありますから、その口座からイーバンクの自分の口座に振り込みをすれば、お金をつくり出すことができてしまうのです。

もちろん、このプログラムで獲得できるキャッシュは、月にせいぜい数百円でしょう。しかし、一度しくみをつくってしまえば、努力なしにお金が入ってきます。そうしたお金は、毎月数百円でも絶対にうれしいはずです。

■ネットオークションで買う

手軽にお金を稼ぐ方法にネットオークションの利用があります。ただいきなり売り手になるよりは、まずは買い手としてオークションを体験することをおすすめします。

私は買い物の半分はネットオークションというくらい頻繁に利用していますが、ネットオークションで物を買うメリットは、三つあると考えています。

第1は、店では買えないものが買えるということです。懸賞に応募しても、どうしても手に入らなかった景品とか、企業のノベルティなど、たいていの非売品を手に入れることができます。また売買市場が成立していないマニアックなものを手に入れるにも、ネットオークションは便利です。グリコのおまけを作るための金型とか、縄文式土器なんていう超マニアックなものも手に入れることができます。金型は実際に買ってみたのですが、現物を手にしてみると、単なる真ちゅうの塊で、なんの鑑賞性もないし、重いし、じゃまだし、つまずくと痛いし、家族のヒンシュクを買ってしまいました。

そんなマニアックなものは必要ないよ、と思われる方が多いでしょうが、価値観は人それぞれです。お店で売っていないもので、なにか欲しいものが出てきたら、とりあえず検索機能で探してみましょう。先日、私は突然「無人島が欲しい！」と思いついてしまったのです。でも近所の不動産屋には当然、無人島の売り物件なんてありません。そこでネットオークションで探してみると、5つも6つも出てくるではありませんか。

ただ現実は結構厳しくて、私が欲しいビーチの付いている無人島は4000万円も5000万円もするので、とても買えませんでした。

ネットオークションの第2のメリットは、安く買えることです。ネットオークションは電脳空間上で行うフリーマーケットのようなものなので、衣料品や小物は定価の10分の1以下という商品も数多くあります。なかには1円で出品されているものまであります。先日、私は趣味で集めているすごろくを1円で落札してしまいました。あまりに申し訳ないので百倍払いますと出品者に言って、払ったのはもちろん100円だけです。

また、ネットオークションの場合、フリーマーケットにはあまり出てこない宿泊券や航空機の割引券、野球やコンサートの入場券などのチケット類がかなり出品されています。これらは、かなり安く売りに出ているケースが多いので、希望が合えばおトクです。

ネットオークションで一番安く買うコツは、カテゴリ違いの商品を探すことです。たとえば、アンティークとしての価値が出ているブリキのおもちゃが、子供用品として出品されていると、ブリキのおもちゃコレクターは、そのカテゴリを見に行きませんから、とても安い価格で落札されてしまうことがあるのです。

ネットオークションの第3のメリット、これは楽しみと言ってもよいのかもしれませんが、締め切り時間直前の競争です。たいていのオークションは、最後の1時間でし烈な競り合いになります。

少しずつ値段を競り上げていく、ライバルたちとの最後の戦いは、まさに手に汗握る駆け引きで、一度やると病みつきになります。ただ、熱くなりすぎて後悔することもあるので、あらかじめ入札の最高限度を決めておくとよいでしょう。

最後に、ネットオークションは、落札代金のほかにも商品の送料と送金手数料が別途かかるので注意が必要です。

せっかく100円で落札したのに、宅配便の送料が1000円と銀行振込手数料が315円かかって、結局1415円というとんでもない値段になってしまうことがよくあります。このコストをよく考えて入札しましょう。

■ネットオークションで売る

ネットオークションで品物を売る楽しみはなんといっても、思ってもみない高い値段がつく可能性があるということです。

私はミニカーをコレクションしているので、それを例にとってお話をしたいと思います。あるとき、東京都北区仕様の清掃車のミニカーが出品されました。トミカという定価360円のミニカーで清掃局特注仕様のものです。きっと清掃局のイベントでもらったものなのでしょう。オークションの開始価格は1000円。コメント欄にはこう書かれていました。

「子供よりの頼まれ出品です。清掃車、東京都北区バージョンです。持って帰ってきたあと、2回ほどコロコロと転がして遊んでいましたので全くの新品ではありません。(その後、出品するつもりで保管)箱もありますが少しへちゃげています。この落札金でオカメインコを買いたいと言っています。(母は無理だと言いましたが)宜しくお願いいたします」

この清掃車がどうなったと思いますか。実は15件の入札を集めて1万5600円で落札されたのです。オカメインコをはるかに上回る評価がついたのは、ミニカーマニアで、このミニカーを持っている人がほとんどおらず、どんどん値段が競り上がってしまったためです。

この例からわかるとおり、ネットオークションでは出品する側に専門知識は要りません。専門店に持ち込んだ場合、知識がないと買いたたかれてしまいますが、ネットオークションではマニアが勝手に値段をつり上げてくれるのです。だから、思わぬ値段がつくことも日常茶飯事です。

ただし、いくら買い手が値段を決めてくれるといっても、高く売るためにはコツがあります。さきほどの清掃車は「トミカ」というカテゴリに出品されました。トミカマニアはこのカテゴリばかり見ているので競り合いが起きます。しかし間違えて「ブリキのおもちゃ」のところに出品したら、こんなに高い値段はつかなかったでしょう。だから類似商品をきちんと検索して、いちばん効果的なカテゴリに出品する必要があります。

もう一つのコツは、手に入れたらできるだけ早く出品することです。数が出回るほどに、値段は下がっていくからです。

インターネットオークションに参加するのは簡単です。オークションのサイトに行って、IDを取得し、本人確認のため銀行口座を登録すればよいのです。参加費は「ヤフー・オークション」の場合、1カ月296円の会費を支払ってプレミアム会員になります。そして出品のときに1商品につき10円の出品システム利用料がかかるのと、商品が売れると落札金額の5%の落札システム利用料がかかってきます。ただ、コスト負担はそれだけです。

出品のためのコストはたいしたことはありません。もしかしたら、あなたが勤めている会社のノベルティや押し入れの中にしまい込んでいるグッズにもたいへん高い値段がつくかもしれません。大掃除が思わぬ報酬をもたらしてくれるかもしれないのです。

私も実は大儲けをしたことがあります。1999年に全日空に乗って搭乗券の半券2枚をハガキに貼って応募すると、もれなくポケモンカードがもらえるキャンペーンをやっていました。私は仕事柄、飛行機に乗る機会が多いので、たくさんもらったのですが、ダブったカードを売りに出してみました。すると、なんと1セット7250円で売れたのです。

とりあえずなんでも出してみる。それがネットオークション活用の第一歩なのです。

■幸せなトカイナカ生活

私は今「トカイナカ」という言葉が気に入っています。都会と田舎の中間地域を指すのですが、だいたい都心から2時間程度離れた郊外に暮らすライフスタイルのことを「トカイナカ暮らし」と呼んでいます。

定年後に田舎に移住したいと思っている人はたくさんいます。かくいう私も沖縄暮らしをずっと考えてきました。ただ、田舎暮らしには相当厳しい制約があります。働き口がありませんし、買い物や病院に通うのも不便です。文化的な刺激も少ないですし、近所づきあいもたいへんです。それと比べると、完全な田舎暮らしとはいかなくても、都心からやや離れた近郊に住む、すなわち〝トカイナカ暮らし〟をすることで、田舎暮らしに近いゆったりとしたライフスタイルを採ることができます。

私は今、早朝のラジオ番組をやっているため、平日は都心のホテルに泊まり、週末に所沢（埼玉県）の自宅に帰る生活を続けています。週末に所沢に帰ってくると、空気がまったく違います。星の数も違いますし、空気が透き通っているのです。家庭菜園もできますし、なにより東京に出かけたいときには、1時間半の時間と往復1000円程度の電車賃をかければ、いつでも行くことができます。通勤時間が長くてたいへんなのが玉にきずですが、定年後だったら問題はないでしょう。しかも住宅価格は安いですし、なによりも物価が安いので暮らしが楽になります。もちろん、今は交通機関が発達しているので、私の住んでいるところよりも、ずっと本格的な「田舎」が都心から2時間の距離で楽しめます。

ふだんはトカイナカで暮らして、たまに本格的な田舎に旅行で行ったり、別荘を持つというのが、案外最も現実的な定年後の暮らし方なのではないかという気が、最近していま す。もちろん、都心と田舎の二重生活というのもよいのですが、さすがにそれはお金がかかりすぎてしまうので、お金持ち以外は難しいでしょう。

いずれにしても、衣食住のすべてにわたって、極端な理想を描くのではなく、無理をせず、自然体で、「そこそこに稼いで、ほどほどに生きる」というのが、いちばん幸せになる暮らし方なのだと思います。

おわりに

最後に、本文のなかで書ききれなかったことを一つ加えておきたいと思います。それは、心の持ち方です。大変な世の中になってしまったことは事実です。ただ、いつまでも愚痴を言っていても始まりません。

仮に厳しい経済状態に追い詰められても、暗くならずに常にマジメに前向きに生きることが、実は今いちばん必要なことだと思います。

株式のデイトレーディングや、外貨FXで短期間のうちに数億円儲けた人の話が、よくメディアで紹介されていますが、実はこんな時代になっても、きちんと年収を確保できている人の大部分は、マジメに毎日の努力を積み重ねた人たちなのです。

最大限の努力をして収入を増やし、そして最大限の努力をして家計の節約に取り組んでいけば、何とか生活をしていくことはできるはずです。

最低限の日常生活が確保できるようになった後、人生を幸せなものにできるかどうかは、自分がどのように人生を楽しむかにかかってきます。

ブランド物を身につけたり、高級車に乗ったり、高級リゾートで過ごすことだけが豊かな人生ではありません。

世間のトレンドとは違っても、自分なりの好きなものや、好きなことを見つけ、その喜びを分かち合える仲間とコミュニケーションを楽しむ。それが、私はいちばん豊かな人生だと思っています。

私の周りには年収が１００万円しかないアーティストも、年収が数億円の企業経営者もいますが、私はどちらも幸せだとは思っていません。年収１００万円の生活は厳しいですし、逆に稼ぎすぎると失うことが怖くなって、心の休まる暇がなくなってしまいます。やはり、そこそこに稼いで、ほどほどに暮らし、何か熱中できるものを持つ。それが幸せへの道だと思うのです。

２００７年９月

森永卓郎

初出

※第二〜五章の一部は『日刊スポーツ』（日刊スポーツ新聞社）、『Ｓｔｙｌｅ』（講談社）、『ＢＩＧ ｔｏｍｏｒｒｏｗ』（青春出版社）、『ザ・ベスト ＭＡＧＡＺＩＮＥ』（ＫＫベストセラーズ）、『ビジネスデータ』（日本実業出版社）、『ゴールデンミニッツ』（スターツ出版）、『どらく』（朝日新聞社インターネットサイト）、『Ｎｅｘｔ Ｏｎｅ』（ベンチャー・リンク）の連載より、加筆修正の上、掲載させていただきました（掲載順）。

著者略歴

森永卓郎（もりなが・たくろう）

1957年7月12日生まれ。東京都出身。東京大学経済学部卒業。日本専売公社、経済企画庁などを経て、現在、獨協大学経済学部教授。主な著書に『年収300万円時代を生き抜く経済学』(光文社)、『辞めるな！キケン』(ニッポン放送)、『構造改革の時代をどう生きるか 成果主義・拝金主義を疑え！』（日経BP社）等多数。格差社会到来をいち早く予測した人気経済アナリスト。

角川SSC新書 010

年収崩壊
格差時代に生き残るための「お金サバイバル術」

2007年10月30日　第1刷発行
2008年 3月 6日　第8刷発行

著者　森永卓郎

発行者　田口惠司

発行所　株式会社 角川SSコミュニケーションズ
〒101-8467
東京都千代田区神田錦町3-18-3 錦三ビル
編集部　電話 03-5283-0265
営業部　電話 03-5283-0232

印刷所　株式会社 暁印刷

装丁　Zapp! 白金正之

ISBN978-4-8275-5010-8

落丁、乱丁の場合はお取替えいたします。
当社営業部、またはお買い求めの書店までお申し出ください。